# 실베스터가 들려주는
# 행렬 이야기

신경희 지음

NEW
수학자가 들려주는
수학 이야기
48

# 실베스터가 들려주는
# 행렬 이야기

㈜자음과모음

## 추천사

### 수학자라는 거인의 어깨 위에서 보다 멀리, 보다 넓게 바라보는 수학의 세계!

수학 교과서는 대개 '결과'로서의 수학을 연역적으로 제시하는 경향이 강하기 때문에 학생들은 수학이 끊임없이 진화해 왔다고 생각하기 어렵습니다. 그렇지만 수학의 역사는 하나의 문제가 등장하고 그에 대해 많은 수학자가 고심하고 이를 해결하는 가운데 새로운 아이디어가 출현해 온 역동적인 과정입니다.

〈NEW 수학자가 들려주는 수학 이야기〉는 수학 주제들의 발생 과정을 수학자들의 목소리를 통해 친근하게 이야기 형식으로 들려주기 때문에 학생들이 수학을 '과거 완료형'이 아닌 '현재 진행형'으로 인식하는 데 도움이 될 것입니다.

학생들이 수학을 어려워하는 요인 중의 하나는 '추상성'이 강한 수학적 사고의 특성과 '구체성'을 선호하는 학생의 사고 사이에 존재하는 간극이며, 이런 간극을 줄이기 위해서 수학의 추상성을 희석시키고 수학 개념과 원리의 설명에 구체성을 부여하는 것이 필요합니다.

〈NEW 수학자가 들려주는 수학 이야기〉는 수학 교과서의 내용을 생동감 있게 재구성함으로써 추상적인 수학을 구체성을 갖는 수학으로 변모시키고 있습니다. 또한 중간중간에 곁들여진 수학자들의 에피소드는 자칫 무료해지기 쉬운 수학 공부에 윤활유 역할을 해 줄 것입니다.

〈NEW 수학자가 들려주는 수학 이야기〉의 구성을 보면 우선 수학자의 업적을 개략적으로 소개하고, 6~9개의 강의를 통해 수학 내적 세계와 외적 세계, 교실 안과 밖을 넘나들며 수학 개념과 원리를 소개한 후 마지막으로 강의에서 다룬 내용을 정리합니다.

이런 책의 흐름을 따라 읽다 보면 각각의 도서가 다루고 있는 주제에 대한 전체적이고 통합적인 이해가 가능하도록 구성되어 있습니다. 〈NEW 수학자가 들려주는 수학 이야기〉는 학교 수학 교과 과정과 긴밀하게 맞물려 있으며, 전체 시리즈를 통해 학교 수학의 많은 내용들을 다룹니다. 따라서 〈NEW 수학자가 들려주는 수학 이야기〉를 학교 수학 공부와 병행하면서 읽는다면 교과서 내용의 소화 흡수를 도울 수 있는 효소 역할을 할 것입니다.

뉴턴이 'On the shoulders of giants'라는 표현을 썼던 것처럼, 수학자라는 거인의 어깨 위에서는 보다 멀리, 넓게 바라볼 수 있습니다. 학생들이 〈NEW 수학자가 들려주는 수학 이야기〉를 읽으면서 각 수학자의 어깨 위에서 보다 수월하게 수학의 세계를 내다보는 기회를 갖기를 바랍니다.

홍익대학교 수학교육과 교수 | 《수학 콘서트》 저자 박경미

### 책머리에

## 생활 속의 다양한 정보를 정리하고 분석해 주는 실베스터의 '행렬' 이야기

많은 학생이 수학을 배우는 것은 자신의 삶과 별로 관계가 없다고 생각합니다. 수학의 형식적 지식만을 강조하고 원리의 이해나 개념적 측면은 소홀히 하는 경우를 볼 때마다 매우 안타까운 마음이 생깁니다.

수학 지식과 그 응용은 별개가 아닙니다. 생활 속에 수학이 있습니다. 수학 교육은 인간의 내적 경험에 초점이 맞춰져야 합니다.

이 책은 이러한 문제 상황 속에서 시작하면서 행렬이 왜 필요한지를 자연스럽게 설명합니다.

인간의 생활 속에서 방정식이 발생하고 그와 더불어 행렬과 그에 대한 연산이 등장했습니다. 행렬은 방정식을 효율적으로 풀 수 있는 도구이며 컴퓨터 등의 발달은 행렬의 계산을 쉽게 해 주었습니다. 따라서 그 응용 범위가 더욱 확대되는 추세입니다. 또한 21세기 정보화 시대를 살아가는 현대인은 그 정보를 수집하고 선택하며 활용할 수 있어야 합니다. 행렬은 다양한 정보를 정리하고 분석하여 미래 행동을 예측할 수 있게 합니다.

이 책을 읽는 여러분은 행렬을 통해 문제 해결 중심의 수학적 활동을 경험하게 됩니다. 또한 역동적인 개념의 발생 과정에서 자발적이고 능동적인 참여를 할 수 있습니다. 이를 통하여 창의적이고 탐구적인 진정한 수학적 사고력을 기를 수 있을 것입니다.

  이 책을 통해 여러분이 즐겁고 재미있게 그리고 자연스럽게 수학적 사고력을 향상하여 수학과 친밀한 유대감을 가질 수 있게 되었으면 하는 바람입니다.

  더불어 여러분을 이렇게 기쁘게 만날 수 있게 해 주신 자음과모음 출판사 식구들에게 감사드리며 부디 진정한 수학의 의미를 발견하는 경험이 될 수 있기를 희망합니다.

신경희

# 차례

추천사      4
책머리에      6
100% 활용하기      10
실베스터의 개념 체크      18

## 1교시
행렬은 어떻게 만들어지나요?      29

## 2교시
행렬이란 무엇인가요?      47

## 3교시
방정식에서 행렬로      59

## 4교시
행렬을 이용하여 미지수가 2개인 연립일차방정식 풀기      73

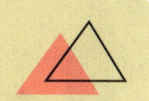

## 5교시
행렬을 이용하여 미지수가 3개인 연립일차방정식 풀기     85

## 6교시
행렬의 덧셈과 상수배 하기     101

## 7교시
행렬의 곱셈     119

## 8교시
역행렬을 이용한 방정식 풀기     137

## 9교시
행렬을 이용한 문제 해결     151

## 10교시
실베스터와 자전거 여행을 떠나요     169

## 1 이 책은 달라요

《실베스터가 들려주는 행렬 이야기》는 일상생활에서 부딪히는 실제 문제 상황에서부터 시작합니다. 이를 통해 행렬이 어떻게 만들어지게 되었고 왜 필요한지를 자연스럽게 알 수 있습니다. 이것은 행렬 연산이나 규칙이라기보다는 그럴 수밖에 없는 과정의 연장입니다.

현대인은 정보를 일목요연하게 정리하고 그 정보가 담고 있는 지식을 캐내어 문제를 해결하면서 미래를 예측할 수 있어야 합니다. 이 책은 그러한 과정을 행렬이라는 도구를 통해 자연스럽게 보여 줍니다.

## 2 이런 점이 좋아요

❶ 실제 문제 상황에서 시작합니다. 수학 용어에 대한 정의나 내용을 공부하고 그것에 대한 응용문제를 푸는 학습으로는 한계가 있습니다. 이 책은 실제 생활에서 문제를 발견하는 경험을 할 수 있도록 도와줍니다.

❷ 개념을 가르치기 전에 추측하게 합니다. 문제 상황 속에서 어떻게 하면 효과적으로 문제를 해결할 수 있을까에 대한 방법을 탐구할 수 있습니다.

❸ 개념과 규칙의 발생이 자연스럽습니다. 필요하기 때문에 연산을 만들고, 그것을 문제 해결에 이용합니다.

❹ 수학의 강력한 힘을 경험합니다. 수학이 왜 필요한지, 특히 행렬이 왜 발생되었는지 그리고 우리 생활에 어떠한 정보를 주는지 알 수 있습니다.

## 3 교과 연계표

| 학년 | 단원(영역) | 관련된 수업 주제<br>(관련된 교과 내용 또는 소단원명) |
|---|---|---|
| 중 2 | 변화와 관계 | 연립일차방정식, 일차함수와 일차방정식의 관계 |
| 고 1(공통수학1) | 행렬 | 행렬과 그 연산 |

## 4 수업 소개

**1교시** 행렬은 어떻게 만들어지나요?

행렬이 만들어지는 과정을 알아봅니다.

- 선행 학습
- 표 만들기, 세금 계산, 물건 사기
- 학습 방법
- 사냥한 동물 수와 각 동물에 부과된 세금을 표로 만들고 계산을 효과적으로 할 수 있는 방법을 생각하면서 행렬이 필요함을 자연스럽게 이해합니다.

**2교시** 행렬이란 무엇인가요?

행렬의 뜻을 알아보고 그와 관련된 용어를 공부합니다.

- 선행 학습
- 행과 열의 뜻을 알면 내용 읽기가 쉬워집니다.

- 학습 방법
- 어떠한 내용을 설명하기 위해서는 용어에 대한 이름이 필요합니다. 여러분도 각자 이름이 있어 친구들을 서로 부르듯이 말이죠. 편하게 본문을 읽으면서 행렬에 대한 이름을 익힙니다.

### 3교시 방정식에서 행렬로

방정식을 행렬로 바꾸어서 풀어 봅니다.

- 선행 학습
- 일차방정식, 미지수가 2개인 연립방정식
- 학습 방법
- 미지수가 2개인 연립방정식을 푸는 방법을 알고 있으면 방정식을 행렬로 바꾼 연산을 쉽게 할 수 있습니다. 방정식을 간단히 하기 위해 방정식 양변에 상수배를 한다거나, 어느 한 방정식에 상수배 하여 다른 방정식에 더하기도 합니다. 또한 방정식끼리 서로 순서를 바꾸어도 그 해는 같다는 성질은 행렬에서도 그대로 적용됩니다. 왜냐하면 원래 행렬은 미지수가 여러 개인 방정식을 쉽게 계산하기 위해 만들어졌기 때문입니다.

### 4교시 행렬을 이용하여 미지수가 2개인 연립일차방정식 풀기

미지수가 2개인 연립일차방정식을 행렬로 바꾸어 풉니다.

- **선행 학습**
- 미지수가 2개인 연립방정식의 풀이
- **학습 방법**
- 앞 수업과 연계하여 미지수가 2개인 연립방정식을 행렬로 바꾸어 해를 구하는 방법을 학습합니다.

### 5교시 행렬을 이용하여 미지수가 3개인 연립일차방정식 풀기

미지수가 3개인 연립일차방정식을 행렬로 바꾸어 풉니다.

- **선행 학습**
- 미지수가 3개인 연립방정식의 풀이
- **학습 방법**
- 미지수가 2개인 연립방정식과 3개인 연립방정식의 해를 구하는 방법이 다르지 않듯이 미지수가 3개인 연립방정식을 행렬로 나타내어 해를 구하는 방법은 4교시에 배운 방법과 같습니다. 또한 2000여 년 전에 쓰인 수학책에 있는 문제와 그 풀이를 볼 수 있습니다. 그 당시에도 문제 해결에 지금 우리가 사용하는 행렬을 사용하고 있었음을 확인할 수 있고, 그들과 지금 우리가 사용하는 공통 언어가 수학이라는 것도 알 수 있습니다.

### 6교시 행렬의 덧셈과 상수배 하기

행렬끼리 더해 보고 각 원소에 상수배 하는 방법을 알아봅니다.

- **선행 학습**
- 행렬의 크기, 일차방정식의 풀이
- **학습 방법**
- 본문을 읽으면서 행렬의 성분끼리 더해야 하는 상황을 알게 되고 자연스럽게 행렬끼리 덧셈을 유도하게 됩니다. 이때 행렬의 크기가 같을 때만 덧셈이 가능하다는 것과 연산에서 조건이 필요할 수 있다는 사고를 하게 됩니다. 상수배 하는 것도 같은 과정을 거쳐 배우게 됩니다.

### 7교시 행렬의 곱셈

행렬끼리 곱셈을 하는 방법을 공부합니다.

- **선행 학습**
- 행렬의 크기, 표 만들기
- **학습 방법**
- 본문을 읽어 나가면서 행렬의 곱셈이 필요한 상황을 인지하게 됩니다. 이때 행렬의 크기에 주의하고 곱셈의 순서에 유의해야 합니다. 주변의 문제 상황을 두 행렬의 곱으로 나타낼 수 있는지 살펴보고, 어떠한 장점이 있는지 생각합니다.

### 8교시 역행렬을 이용한 방정식 풀기

역행렬을 구해 보고 이를 통해 방정식을 풀어 봅니다.

- **선행 학습**
- 행렬의 곱셈
- **공부 방법**
- 곱셈의 역원을 이용하여 일차방정식의 해를 구하듯이 역행렬이 필요함을 인지하게 됩니다. 역행렬을 이용하여 연립방정식을 푸는 과정을 학습하게 됩니다. 이때 모든 행렬이 역행렬을 갖지 않는다는 것과 그 조건을 알아봅니다. 또한 앞에서 배운 방정식 풀기와의 차이점을 생각해 봅니다.

### 9교시 행렬을 이용한 문제 해결

행렬을 이용하여 다양한 문제를 해결해 봅니다.

- **선행 학습**
- 표 만들기, 확률, 행렬의 곱셈
- **학습 방법**
- 2개의 실제 상황이 주어집니다. 여러분 모두 CEO가 된 마음으로 진지하게 문제를 해결해 보기 바랍니다. 자료 조사의 중요성, 자료 분석, 결과 예측, 문제 해결 등의 한가운데에 행렬이 있음을 인지하게 됩니다.

**10교시** 실베스터와 자전거 여행을 떠나요

문제 상황을 행렬로 표현하는 또 다른 방법을 공부해 봅니다.

- 선행 학습
- 표 만들기, 확률의 곱셈
- 학습 방법
- 수업을 끝내면서 가벼운 마음으로 자전거 여행을 떠납니다. 전국 5개 도시를 자전거 도로로 연결해 보고 행렬을 이용하여 도시를 다녀올 수 있는 경우의 수를 구해 봅니다.

## 실베스터를 소개합니다

James Joseph Sylvester(1814~1897)

나는 세상의 모든 것에 호기심을 가졌습니다.

언제나 책을 가까이해서 사람들에게 독서광이라 불렸고, 언어학과 문학 등에도 관심이 많아 내가 직접 쓴 시를 책으로 내기도 했지요. 하지만 무엇보다 내 인생에 있어 가장 중요한 것은 바로 수학이었습니다.

나는 수학자 케일리와 함께 불변식과 행렬에 대한 위대한 업적을 남겼습니다.

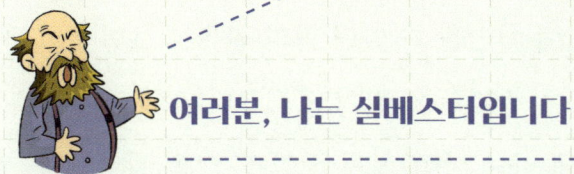
## 여러분, 나는 실베스터입니다

나는 실베스터입니다. 1814년 영국 런던에서 태어나 83세까지, 비교적 긴 일생을 살았지요. 정말이지 나는 수학이 있었기에 인생이 즐거웠던 사람입니다. 진정으로 수학을 사랑하며 즐겼으니까요.

여러분도 잘 알고 있겠죠? 집합에 나오는 '드모르간의 법칙' 말이에요. 나는 어렸을 때 드모르간 교수님께 수학을 배우는 영광을 누렸답니다. 나중에는 나도 같은 대학의 교수가 되어 옛 스승님과 동료로 일하기도 하였습니다. 또한 지금도 세계적으로 추앙받는 백의의 천사 플로렌스 나이팅게일에게 수학을 가르치기도 하였습니다. 당시에 여성들이 수학을 공부하는 일은 별로 없었지요. 하지만 새로운 수학을 익히고자 눈이 초롱초롱했던 그녀를 지금도 잊을 수가 없고, 아주 뛰어났던 학생으로 기억하고 있습니다.

나는 영국과 미국을 오가면서 여러 종류의 일을 해 보았습니다. 미국에 이민을 가 있던 형의 권유로 보험 통계에 관련된 문제를 풀어 주고 돈을 벌기도 했습니다. 복권의 분류에 관한 문제였는데 나는 아주 쉽게 풀었죠. 그쪽 사람들이 그것 때문에 한참 골머리를 앓았는지 내 해결책을 보고는 너무 기뻐하면서 후한 상금을 주었습니다. 또한 법을 공부하여 변호사 일도 했고요. 하지만 내게 가장 흥미로운 시간은 그래도 수학 문제에 매달릴 때였습니다. 영국과 미국의 대학에서 학생들과 같이 공부할 때 정말 즐거웠고, 수학에서 새로운 발견을 하게 되었을 때의 뿌듯함과 흥분은 그 무엇과도 바꿀 수 없는 내 인생의 가장 행복한 순간이었습니다. 그러한 나의 수학에 대한 애정과 열정으로 인해 수학에 관련한 상도 여러 개 받았습니다. 수학 논문을 싣는 잡지의 편집을 맡아 수학자들이 선의의 경쟁을 할 수 있도록 도운 것도 내가 자랑할 수 있는 업적입니다. 이 논문

집은 이후 세계 수학 발전에 지대한 영향을 주었답니다.

앞에서도 말했지만 나는 세상 모든 게 다 재미있고 항상 흥미로웠습니다. 수학은 물론이거니와 그리스, 라틴 등의 고전에 대한 해박한 지식을 얻고자 책을 언제나 가까이했고, 남들은 그러한 나를 독서광이라 불렀지요. 또한 언어학과 문학 등에도 관심이 많았습니다. 시를 몇 편 써서 책으로 내기도 했지요. 남들은 내가 수학자가 되지 않았으면 아마도 시인이 되었을 거라고 말하기도 한답니다. 나는 정말 열성적인 천성을 타고났나 봅니다. 음악에 관한 유혹도 떨칠 수 없어서 개인적으로 성악 레슨을 받았습니다. 덕분에 나의 노래 실력은 수준급이었죠. 모임이 있는 곳이면 분위기를 돋우는 역할을 자청하곤 했습니다. 수학을 음악처럼, 음악을 수학처럼 하면 금상첨화라는 생각을 늘 했습니다. 왜냐하면 둘은 같은 영혼을 가졌으니까요. 생각해보면 예술과 수학은 아주 가까운 이웃입니다.

다방면에 대한 나의 사랑과 관심은 수학 논문을 쓸 때도 많은 도움이 되었습니다. 끊임없는 노력으로 얻은 감각과 해박한 지식은 문제점을 적절하게 지적하고 나의 의견을 명쾌하게 표현하는 데 많은 도움을 주었습니다.

모든 수학의 결과가 항상 한 명의 수학자에 의해 만들어지는 것은 아니랍니다. 둘이서 혹은 여러 명이 모인 단체에서 훌륭한 수학이 탄생되기도 하지요. 나는 혼자 공부할 때도 있었지만 당시 유명한 수학자인 케일리1821~1895와 공부할 때 더욱 힘이 났어요. 케일리는 나의 절친한 친구입니다. 케일리는 수학 역사상 오일러와 코시에 이어 세 번째로 많은 양의 수학 저술을 남긴 뛰어난 친구랍니다. 우리 둘은 성격이나 외모 모두 정반대였지만 상대를 이끌어 주고 때로는 격려하면서 수학에 관한 여러 가지 일을 함께 수행했습니다. 물론 서로 칭찬도 많이 했습니다.

　사실 나는 성격이 좀 거칠고 급합니다. 어떤 일이 마음에 들지 않으면 우선 화부터 나거든요. 케일리와 일할 때도 마찬가지였어요. 침착하고 온화한 케일리는 이런 내 성격을 잘 알고 이해해 주었고 내 화가 풀릴 때까지 기다려 주었습니다. 지금 생각하면 정말 케일리에게 고맙고 미안하다는 말을 하고 싶습니다. 그래도 우리는 기묘하게도 잘 어울리는 데가 있었어요. 어쨌든 서로 부족한 것은 채워 주며 훌륭한 수학적 업적을 이루어 냈습니다.

우리가 해낸 수학적 성과 중에 불변식과 행렬에 관한 업적은 정말 자랑스럽습니다. 후세 수학자들 모두 감탄했으니까요. 행렬에 관한 이야기는 이 책에서 다루어질 것이므로 불변성에 관해 잠시 알아보는 것이 여러분에게 도움이 될 것입니다.

　나는 수학이란 무한한 것이며 항상 깨어 있는 생명 같은 것이라고 생각합니다. 수학에 대한 열정과 흥미를 가지고 있는 사람에게 이 이야기는 꼭 전해 주고 싶습니다.

　불변성의 문제는 현대 과학 사상의 기반을 이루는 중요한 주제입니다.

　한 장의 종이 위에 직선과 곡선 혹은 그들과의 교점으로 이루어진 도형이 그려져 있다고 합시다. 찢어지지 않도록 주의하면서 그 종이를 마음대로 구기세요. 그러면 이때 구기기 전과 구긴 후의 도형의 성질 중 변하지 않은 것은 무엇인가요? 아마 직선이 휘어질 수도 있고 각이 변할 수도 있겠지요. 같은 방법으로 고무판 위에 도형을 그려 고무판이 찢어지지 않을 정도로 적당히 고무를 잡아당기거나 꾸부정한 곡선으로 굽혀 봅시다. 이 경우에도 처음과 비교하여 늘리거나 구부린 후에도 변하지 않는 도형의 성질은 무엇일까요? 한 가지 예를 들면 도형을 이루는 곡선 위의 점의 순서는 변하지 않음을 알 수 있습니다. 변형 전에 주어진 곡선을 점 A에서 시작하여 점 C로 연필을 그어 갈 때 중간의 점 B를 통과하였다고 하면, 변형 후 구겨진 종이 위의 곡선 역시 그 순서는 바뀌지 않습니다.

이러한 상황은 너무나 당연하게 보이지만 특정 변환을 하거나 복잡한 변환을 하여 실제로 변하지 않는 성질을 연구하는 것은 수학이 다루고 있는 중요한 분야 중의 하나입니다. 마치 고전 물리학에서 얼음을 녹여 물이 되고 다시 증류해도, 즉 변환해도 총에너지는 변하지 않듯이 말입니다. 나는 케일리와 함께 이러한 이론의 기초를 쌓았던 것입니다. 이 불변식을 연구하는 중에 등장하는 식의 변환을 계산하는 과정에서 나와 케일리는 행렬을 사용하고 그 성질을 확장하게 되었답니다.

## 1교시

# 행렬은 어떻게 만들어지나요?

행렬이 어떻게 만들어지는지
그 과정을 알아봅니다.

## 수업 목표

행렬이 만들어지는 과정을 알아봅니다.

### 미리 알면 좋아요

1. **표 만들기** 복잡한 상황을 가로세로 표를 만들어 정리하면 한눈에 파악됩니다.

2. **세금 계산** 소득이 많을수록 세금은 많아집니다.

3. **물건 사기** 물건의 개수와 단가를 곱한 후 모두 더하면 지불해야 할 총액수를 구할 수 있습니다.

# 실베스터의 첫 번째 수업

여러분, 안녕하세요? 나는 여러분과 재미있고 유익한 행렬의 세계를 공부할 실베스터입니다.

내 취미는 사냥이랍니다. 사냥으로 얻은 고기를 가지고 푸짐한 저녁상을 차려서 가족과 함께 배불리 먹는 것은 정말 뿌듯한 일이지요. 어제는 나의 가장 친한 친구인 동건이, 빈이와 함께 사냥을 나갔지요. 그런데 이게 웬일입니까? 나는 토끼 5마리와 노루 1마리, 동건이는 토끼 2마리와 호랑이 1마리 그리고 빈이는 호랑이를 2마리씩이나 잡았답니다. 물론 총알을 좀 많이 소비하긴 했지만요. 어쨌든 우리는 잡은 동물들을 트럭에 싣고 집으로 돌아와 푸짐하게 먹었답니다. 그런데 오늘 시청에서 직원이 찾아와 어제 잡은 동물의 수를 보고하라고 하네요. 동물의 수와 종류에 따라 세금을 내야 한다고 말이에요. 그래서 나는 우리가 어제 잡은 동물의 수를 종이에 줄을 맞추어 적었습니다.

|  | 토끼 | 노루 | 호랑이 |
| --- | --- | --- | --- |
| 실베스터(나) | 5마리 | 1마리 | 0마리 |
| 동건이 | 2마리 | 0마리 | 1마리 |
| 빈이 | 0마리 | 0마리 | 2마리 |

이 표를 사용하여 다시 간단하게 숫자만 쏙 빼내고, 가로세로로 알기 쉽게 나열해서 적었습니다. 그리고 괄호로 묶어서 어제 하루 동안 잡았다는 것을 나타내 주었죠. 이렇게 말이죠!

$$\begin{pmatrix} 5 & 1 & 0 \\ 2 & 0 & 1 \\ 0 & 0 & 2 \end{pmatrix}$$

그런데 얼마 전, 잡은 동물에 대해 세금을 내라는 고지서가 집으로 날아왔습니다. 나는 이번 달 말에 세금을 내야 하므로 쪽지에 적어서 냉장고에 붙여 놨어요. 제때에 세금을 못 내서 나중에 세금을 더 내면 억울하니까요. 내 아내는 행과 열을 맞추어 사냥 동물의 숫자를 나열하였다고 하여 이 묶음을 '사냥 행렬'이라고 불렀어요. 시청에서 나온 직원은 각 동물에 따른 세금표를 보여 주더군요.

| 토끼 | 20원 |
|---|---|
| 노루 | 50원 |
| 호랑이 | 100원 |

나는 바로 이번 달 말에 지불할 세금을 계산하기 위해 펜을 들었답니다. 동건이와 빈이는 나에게 자신들이 세금을 얼마나 내야 하는지를 계산해 달라더군요. 이래 봬도 내가 수학자니까요, 하하. 우선 내가 내야 할 세금부터 계산해 보았습니다. 나는 토끼 5마리와 노루 1마리를 잡았으니까 이렇게 계산하면 되겠죠?

$$5마리 \times 20원 + 1마리 \times 50원 + 0마리 \times 100원$$

계산해 보니 150원이 나왔습니다. 그럼 이번에는 동건이와 빈이가 내야 할 세금도 계산해 볼까요? 나보다 계산이 빠른 여러분이 두 표를 보고 직접 해 보세요. 우선 동건이는 토끼 2마리, 호랑이 1마리를 잡았으니까 다음과 같은 식을 세울 수 있습니다.

$$2마리 \times 20원 + 0마리 \times 50원 + 1마리 \times 100원$$

이렇게 하면 되겠죠? 계산해 보니 140원이네요. 나보다는 세금을 더 많이 낼 줄 알았는데 10원이나 적게 내다니 역시 길고 짧은 건 대봐야 알 수 있는 것 같습니다. 그렇다면 빈이는 얼마나 나왔을까요? 나보다 더 많이 나왔는지 궁금하군요. 호랑이 두 마리만 잡았지만, 계산해 보니 다음과 같이 나왔습니다.

$$0마리 \times 20원 + 0마리 \times 50원 + 2마리 \times 100원 = 200원$$

와, 빈이는 200원이나 내야 하네요! 총 6마리를 잡은 나보다 2마리만 잡은 빈이가 세금을 더 많이 내는 이유는 무엇일까요? 그렇죠! 짐승의 종류가 달랐기 때문입니다.

이렇게 세 명이 각각 낼 세금을 계산했지만 매번 이런 식으로 계산하는 것은 번거로울 것 같다는 생각이 들었습니다. 그래서 한꺼번에 세금을 계산할 수 있는 방법이 없을까 고민해 보았습니다. 긴 고민 끝에 드디어 아이디어가 떠올랐습니다! 바로 계산을 할 때 내 시선의 흐름이었습니다! 무슨 말이냐고요? 아, 잠깐만요! 행렬의 묘미를 맛보기도 전에 포기하려고 하지 마세요. 정말 흥미로운 놀이니까요. 그럼 내 방법이 무엇인지 함께 알아볼까요? 우선 계산할 때 참고했던 두 표를 나란히 보겠습니다.

|  | 토끼 | 노루 | 호랑이 |
|---|---|---|---|
| 실베스터(나) | 5마리 | 1마리 | 0마리 |
| 동건이 | 2마리 | 0마리 | 1마리 |
| 빈이 | 0마리 | 0마리 | 2마리 |

〈표 1〉

| 토끼 | 20원 |
|---|---|
| 노루 | 50원 |
| 호랑이 | 100원 |

〈표 2〉

그리고 나와 내 가장 친한 친구들인 동건이와 빈이의 세금을 다시 계산해 보세요. 그리고 계산을 하면서 시선이 어떻게 움직이는지 한번 볼까요?

편의상 첫 번째 표를 〈표 1〉, 두 번째 표를 〈표 2〉라고 하겠습니다. 〈표 1〉에서 내가 잡은 짐승 수를 나타낸 행과 〈표 2〉의 세금을 나타낸 열을 이용하면 내가 낼 세금을 계산할 수 있죠?

|  | 토끼 | 노루 | 호랑이 |
|---|---|---|---|
| 실베스터(나) | 5마리 | 1마리 | 0마리 |
| 동건이 | 2마리 | 0마리 | 1마리 |
| 빈이 | 0마리 | 0마리 | 2마리 |

〈표 1〉

|  |  |
|---|---|
| 토끼 | 20원 |
| 노루 | 50원 |
| 호랑이 | 100원 |

〈표 2〉

이 두 표에서 숫자만 쏙 빼어서 간단한 '행렬' 형태로 나타내 볼게요.

$$\begin{pmatrix} 5 & 1 & 0 \\ 2 & 0 & 1 \\ 0 & 0 & 2 \end{pmatrix} \begin{pmatrix} 20 \\ 50 \\ 100 \end{pmatrix}$$

자, 매우 보기 편해졌죠? 그렇다면 이것을 어떻게 계산하면 될까요? 첫 번째 행렬의 첫 번째 행에 있는 세 숫자와 두 번째 행렬의 세 숫자를 각각 순서대로 곱한 후 그것들을 모두 더하면 내가 낼 세금이 나오게 되겠죠!

실베스터의 첫 번째 수업

$$\begin{pmatrix} 5 & 1 & 0 \\ 2 & 0 & 1 \\ 0 & 0 & 2 \end{pmatrix} \begin{pmatrix} 20 \\ 50 \\ 100 \end{pmatrix}$$

5마리×20원＋1마리×50원＋0마리×100원＝150원

그럼 동건이가 낼 세금은 어떻게 계산하면 될까요?

$$\begin{pmatrix} 5 & 1 & 0 \\ 2 & 0 & 1 \\ 0 & 0 & 2 \end{pmatrix} \begin{pmatrix} 20 \\ 50 \\ 100 \end{pmatrix}$$

2마리×20원＋0마리×50원＋1마리×100원＝140원

첫 번째 행렬의 두 번째 행에 있는 세 숫자와 두 번째 행렬의 세 숫자가 만나면 되는 것이지요. 그렇다면 빈이의 세금도 같은 방법으로 계산하면 되겠죠?

$$\begin{pmatrix} 5 & 1 & 0 \\ 2 & 0 & 1 \\ 0 & 0 & 2 \end{pmatrix} \begin{pmatrix} 20 \\ 50 \\ 100 \end{pmatrix}$$

0마리×20원＋0마리×50원＋2마리×100원＝200원

행렬은 매우 복잡하고 이상한 숫자의 나열처럼 보입니다. 하지만 그저 계산을 편리하고 간단하게 하기 위해 숫자를 순서대로 줄을 맞추어 묶어 놓은 것뿐이랍니다. 행렬은 이렇게 생활의 편리함을 위해 만들어졌답니다. 생활에서부터 시작된 것이므로 우리 생활의 이곳저곳에 행렬이 숨어 있답니다.

그렇다면 나와 함께 다른 예를 찾아볼까요? 요즘 여러분은 다이어트를 하나요? 나는 뱃살 때문에 숨을 쉬기 어려울 정도랍니다. 그래서 여러 가지 운동 기구와 자전거를 사려고 합니다. 큰마음 먹고 하는 다이어트이니 식사의 양도 좀 줄여야겠지요? 여러분도 나와 함께 시작해 보세요. 운동 기구나 자전거가 없다면 우리 함께 사러 가 볼까요?

나는 인터넷에서 가격 비교 사이트를 이용하여 쇼핑하곤 합니다. 운동 기구나 자전거 가격도 회사와 크기에 따라 가격이 천차만별이네요. 그렇다면 운동 기구 중에서도 집에서 간단히 할 수 있는 아령으로 알아볼게요.

|  | 자전거 | 아령 |
|---|---|---|
| (주)살빼기 | 8만 원 | 3만 원 |
| (주)살빼자 | 12만 원 | 1만 원 |

대표적인 두 회사의 자전거와 아령의 가격이 위와 같습니다. 자전거를 2대, 아령을 3개 산다면 가격 차이가 얼마나 나는지 알아보겠습니다. 우선 계산하기 편리하게 행렬로 나타내 보겠습니다.

$$\begin{pmatrix} 8 & 3 \\ 12 & 1 \end{pmatrix} \begin{pmatrix} 2 \\ 3 \end{pmatrix}$$

이렇게 됩니다. 두 번째 행렬의 2와 3은 자전거 2대와 아령 3개를 말하는 거겠죠? 그렇다면 이제 계산만 하면 됩니다. (주)살빼기 회사의 제품을 구입할 경우를 보겠습니다. 첫 번째 행렬의 1행과 두 번째 행렬의 1열이 만나면 어떻게 될까요?

$$\begin{pmatrix} \boxed{8 \; 3} \\ 12 \; 1 \end{pmatrix} \begin{pmatrix} \boxed{2 \\ 3} \end{pmatrix}$$

8만 원×2대＋3만 원×3개＝16만 원＋9만 원＝25만 원

25만 원이군요. 이번에는 (주)살빼자 회사의 제품을 살 때의 가격을 계산해 보겠습니다. 첫 번째 행렬의 2행과 두 번째 행렬의 1열이 만나서 다음과 같은 계산 결과를 얻을 수 있습니다.

$$\begin{pmatrix} 8 \; 3 \\ \boxed{12 \; 1} \end{pmatrix} \begin{pmatrix} \boxed{2 \\ 3} \end{pmatrix}$$

12만 원×2대＋1만 원×3개＝24만 원＋3만 원＝27만 원

　가격은 (주)살빼기 회사 제품이 2만 원 더 저렴하네요. 하지만 가격만 고려해서 제품을 사면 후회할 일이 생길 수 있으므로 A/S와 같은 다른 부분도 꼼꼼하게 살펴서 구입해야겠지요?

　이렇게 필요한 숫자만을 사각형 모양에 가로세로로 적으면 누구나 행렬을 만들 수 있습니다. 이렇게 만들어진 행렬은 필요할 때 유용하게 사용할 수 있습니다.

 이제까지 행렬이 어떻게 만들어지는지 알아보았습니다. 다음 시간에는 앞에서 사용했던 용어인 '행'과 '열', '행렬' 등에 관해서 자세히 알아보기로 해요.

## 수업 정리

❶ 수량을 표로 만들고 그것을 직사각형 모양으로 나타낼 수 있습니다.

❷ 사냥한 각 동물과 세금과의 관계를 두 직사각형으로 나타낼 수 있습니다.

❸ 운동 기구와 사야 할 개수와의 관계를 두 직사각형으로 나타낼 수 있습니다.

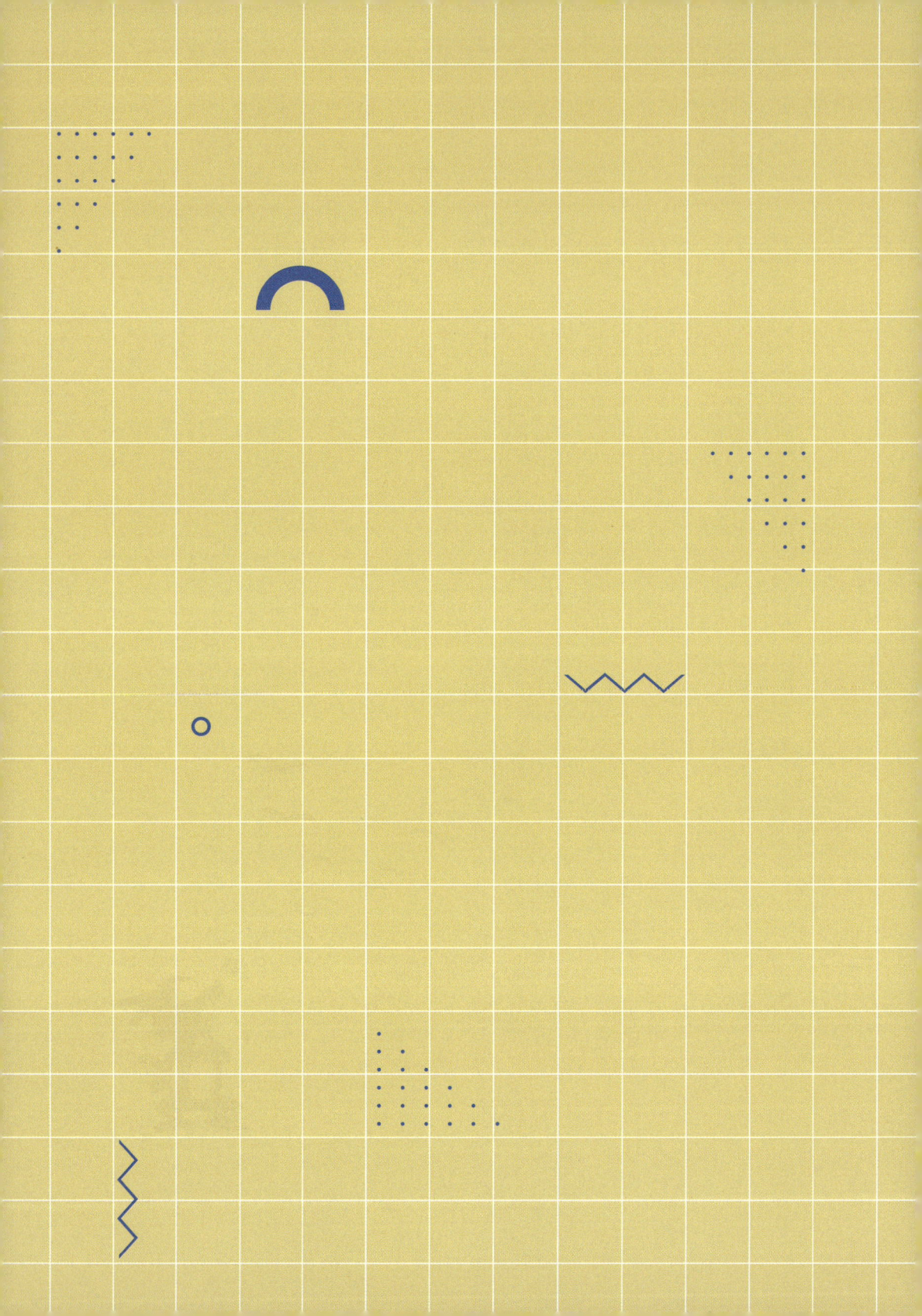

2교시

# 행렬이란 무엇인가요?

행렬이 무엇인지 구체적인 뜻과 관련된 용어를 알아봅니다.

## 수업 목표

1. 행렬의 뜻을 알아봅니다.
2. 행렬과 관련된 용어를 알아봅니다.

### 미리 알면 좋아요

1. **집합** 수학 용어의 하나로 이를테면 '5보다 크고 10보다 작은 자연수의 모임'과 같이 어떤 조건에 따라 일정하게 결정되는 요소의 모임을 말하며, 특히 그 요소를 집합의 원소라고 합니다.

2. **집합의 원소** 집합을 이루는 요소를 원소라고 합니다. 예를 들어 집합 '5보다 크고, 10보다 작은 자연수의 모임'을 원소나열법으로 표현하면 {6, 7, 8, 9} 입니다. 이때 집합의 원소는 6, 7, 8, 9가 됩니다.

# 실베스터의 두 번째 수업

우리는 지난 시간에 행렬에 대해 공부했습니다. 그렇다면 행렬은 도대체 무슨 뜻일까요? 행렬이란 아주 간단히 말해서 수나 문자를 괄호 안에 직사각형 모양으로 배열해 놓은 것입니다. 예를 들어 다음은 모두 행렬이라고 할 수 있습니다.

$$\begin{pmatrix} 1 & 3 & 2 \\ 4 & 1 & 0 \end{pmatrix} \begin{pmatrix} 4 & 1 \\ 7 & 3 \end{pmatrix} \begin{pmatrix} 6 & 0 & 2 & 0 \\ 1 & 3 & 9 & 1 \\ 1 & 4 & 5 & 6 \end{pmatrix} (2\ 7) \begin{pmatrix} a & b \\ 1 & d \end{pmatrix}$$

그리고 각 행렬에 있는 숫자 하나하나를 각각 원 또는 성분이라 합니다. 그리고 행렬의 가로줄을 행이라 하고 세로줄을 열이라 부릅니다.

맨 처음 행렬 $\begin{pmatrix} 1 & 3 & 2 \\ 4 & 1 & 0 \end{pmatrix}$의 첫 가로줄 (1 3 2)를 첫 번째 행, (4 1 0)을 두 번째 행이라 부릅니다. 같은 행렬에서 $\begin{pmatrix} 1 \\ 4 \end{pmatrix}$는 첫 번째 열, $\begin{pmatrix} 3 \\ 1 \end{pmatrix}$은 두 번째 열 그리고 $\begin{pmatrix} 2 \\ 0 \end{pmatrix}$은 세 번째 열이라 합니다. 즉, 행과 열로 행렬을 만들게 되는 것이지요. 다시 말해, 행렬 $\begin{pmatrix} 1 & 3 & 2 \\ 4 & 1 & 0 \end{pmatrix}$은 2개의 행과 3개의 열로 이루어져 있습니다.

이것이 행렬의 크기를 결정합니다. 이때 이 행렬의 크기는 2×3이라고 합니다. 앞의 수 2는 행의 개수, 뒤의 수 3은 열의 개수를 나타냅니다.

두 번째 행렬 $\begin{pmatrix} 4 & 1 \\ 7 & 3 \end{pmatrix}$은 2개의 행 (4 1), (7 3)과 2개의 열 $\begin{pmatrix} 4 \\ 7 \end{pmatrix}$, $\begin{pmatrix} 1 \\ 3 \end{pmatrix}$으로 이루어져 있네요. 이 행렬의 크기는 2×2겠죠? 물론 이렇게 행과 열의 개수가 같을 수도 있어요.

그렇다면 나머지 행렬의 크기도 쉽게 알 수 있을 겁니다. 맞아요. 세 번째 행렬은 3개의 행과 4개의 열, 네 번째 행렬은 하나의 행과 2개의 열이네요.

행렬의 각 원소를 이루는 수는 자신의 자리가 있답니다. 행렬 $\begin{pmatrix} 1 & 3 & 2 \\ 4 & 1 & 0 \end{pmatrix}$에서 3은 첫째 행의 두 번째 열에 있습니다.

이때 3의 자리는 (1, 2)라고 합니다. 1행 2열에 있다는 뜻이지요. 그러니까 행을 먼저 쓰고 열을 나중에 쓰는 것이랍니다. 그럼 0의 자리는 (2, 3)이네요. 거꾸로 (2, 2)자리의 수는 무엇인가요? 네, 맞아요. 1이지요.

행렬 $\begin{pmatrix} 6 & 0 & 2 & 0 \\ 1 & 3 & 9 & 1 \\ 1 & 4 & 5 & 6 \end{pmatrix}$ 으로 복습을 해 볼까요?

먼저 행렬의 크기는 3개의 행과 4개의 열로 이루어졌으니까 3×4입니다. 행렬에서 수 2의 자리는 (1, 3)이네요. 그렇다면 (2, 4)자리에 있는 수는? 네~! 바로 1입니다. (3, 3)자리에 있는 수는 5이고요.

이번에는 앞 시간에 우리가 직접 만들었던 사냥 행렬 $\begin{pmatrix} 5 & 1 & 0 \\ 2 & 0 & 1 \\ 0 & 0 & 2 \end{pmatrix}$ 를 다시 봅시다.

행렬의 크기는 3×3이고 1행 1열의 수 5는 내가 잡은 토끼의 수를 나타냅니다. 2행 1열에 있는 2는 동건이가 잡은 토끼의 수이고, 3행 3열의 2는? 그래요! 빈이가 잡은 호랑이 수입니다. 잡은 동물이 없을 때는 0으로 씁니다.

이와 같이 행렬의 원소인 수는 동물의 수를 나타내기도 하고, 돈의 액수 혹은 앞 장에서 보았던 자전거의 대수 등 필요한 어떤 수량을 쓸 수 있습니다. 물론 행렬은 한 자리 수로만 이루어진 것은 아닙니다. 다음과 같이 두 자리, 세 자리 혹은 그 이상, 필요하다면 소수, 분수, 음수도 가능합니다.

$$\begin{pmatrix} 20 & 51 & 201 \\ 31 & 0 & 239 \\ 7 & 401 & 89 \end{pmatrix} \begin{pmatrix} 1 & 0.3 & 0.8 \\ 0 & 2.1 & 0.2 \end{pmatrix} \begin{pmatrix} \frac{1}{2} & 4 \\ \frac{3}{7} & \frac{8}{15} \end{pmatrix} \begin{pmatrix} 1 & -3 \\ -2 & 0 \\ 0 & -1 \end{pmatrix}$$

그렇다면 이러한 행렬은 어때요?

$$\begin{pmatrix} 0 & 0 & 0 \\ 0 & 0 & 0 \\ 0 & 0 & 0 \end{pmatrix} \begin{pmatrix} 0 & 0 & 0 \\ 0 & 0 & 0 \end{pmatrix} \begin{pmatrix} 0 \\ 0 \\ 0 \end{pmatrix}$$

행렬의 모든 원소가 0입니다. 이러한 행렬 각각을 영행렬 혹은 제로행렬이라 합니다. 영행렬은 'O'라고 쓰기도 하지요. 이렇게 행렬은 모양에 따라 여러 이름을 가지고 있습니다.

다음 그림에서 칠판 아래쪽의 행렬은 어떤 특징이 있나요? 대각선의 원소는 모두 1이고 나머지는 모두 0입니다. 이러한 행렬을 단위행렬이라고 합니다. 단위행렬은 행과 열의 개수가 같아야 합니다.

왜 이러한 이름이 붙었는지는 다음에 명쾌하게 설명할 기회가 있을 겁니다. 또한 행과 열의 개수가 같은 행렬을 정사각행렬이라 부른답니다.

자, 이제 좀 쉬었다 하자고요? 좋습니다! 다음 시간에도 신비로운 행렬의 세계를 계속해서 탐험해 보도록 할게요!

## 수업 정리

### ❶ 행렬

수 또는 문자를 괄호 안에 직사각형 모양으로 배열한 것을 행렬이라고 합니다. 행렬의 각 수나 문자를 원 또는 성분이라고 합니다. 행렬의 가로줄을 행, 세로줄을 열이라 합니다.

### ❷ 정사각행렬

행렬의 행의 수가 $m$, 열의 수가 $n$일 때 행렬의 크기는 $m \times n$이고, 행과 열의 개수가 같은 행렬을 정사각행렬이라 합니다.

### ❸ 영행렬과 단위행렬

원소가 모두 0인 행렬을 영행렬, 대각선의 원소가 1이고 나머지 원소가 모두 0인 행렬을 단위행렬이라 합니다.

## 3교시

# 방정식에서 행렬로

방정식을 행렬로 바꾸어서 풀어 봅니다.

## 수업 목표

방정식을 행렬로 바꾸어서 풀어 봅니다.

### 미리 알면 좋아요

1. **일차방정식** 미지수가 1개이고 일차인 방정식의 해를 구할 수 있습니다.

2. **미지수가 2개인 연립방정식** 미지수가 2개인 연립방정식의 해를 구할 수 있습니다. 한 방정식에 상수배를 하거나 상수배 하여 다른 방정식에 더하는 방법을 사용합니다.

# 실베스터의 세 번째 수업

여러분, 이번 시간에는 방정식에 관해 공부해 보려고 합니다. 갑자기 왜 방정식이냐고요? 바로 방정식을 행렬로 해결하는 방법을 알아보기 위해서죠! 수천 년 전부터 사람들은 문제 상황을 방정식으로 만들 줄 알았고, 그 해를 구함으로써 문제를 해결했습니다. 방정식은 여러분에게도 아주 익숙한 분야입니다. 다음을 보세요. 아마 여러분은 다음과 같은 연립방정식을 많이 보아 왔을 겁니다.

$$x + 2y = 4 \text{ —⑴}$$
$$2x - 3y = 1 \text{ —⑵}$$

<mark>연립방정식</mark>이란 여러 개의 방정식을 묶어 놓은 것으로 연립방정식을 푼다는 것은 그 여러 개의 방정식을 공통으로 만족하는 해, 즉 미지수를 구하는 것이지요.

다시 위에 있는 2개의 방정식을 봅시다. '방정식'이라고 하면 일단 풀어야겠다는 생각이 들죠? 자, 이 방정식은 어떻게 풀까요? 우선, 이 2개의 방정식을 모두 만족하는 미지수 $x$와 $y$를 구해야 합니다. 방정식의 해를 구하는 방법은 여러 가지가 있지만 다음과 같은 순서로 해를 구해 봅시다. $x$와 $y$ 중에서 무엇을 먼저 구하든지 상관은 없지만 먼저 $y$를 구해 봅시다. 그러면 $x$를 없애야겠죠? 이것을 '$x$를 소거한다.'라고 합니다. $x$를 소거하려면 두 방정식에서 $x$의 계수<sub>미지수 앞에 곱해진 상수</sub>를 같게 만들어야 합니다. 방정식의 양변에 같은 수를 곱해도 등식은 성립하는 성질을 이용해서 첫 번째 식 $x+2y=4$에 $-2$를 곱하면 다음과 같습니다.

$$-2x-4y=-8 \quad —(3)$$

이 식 (3)을 두 번째 식 (2)에 더해 봅시다. 즉, 각 변끼리 덧셈을 해 보자는 거지요. 계산해 보면 다음과 같은 결과를 얻을 수 있습니다.

$$\begin{array}{r} -2x-4y=-8 \\ +)\quad 2x-3y=\phantom{-}1 \\ \hline -7y=-7 \end{array}$$

$$\therefore y=1$$

위의 과정을 잘 보면, $x$를 없애기 위하여 계수를 더해서 없어지도록 만들었지요. 자, 원하던 대로 $x$가 소거되었습니다. 이것을 풀어 보면 금방 $y=1$이 나오네요. 양변을 같은 수로 나누어도 등식은 변하지 않으니까요. $-7$로 양변을 나누면 쉽게 $y$가 1이라는 걸 알 수 있어요. 그런데 위의 계산 과정을 잘 들여다보면 $x$의 계수 1과 2, $y$의 계수 2와 $-3$, 그리고 각 식의 값인 4와 1끼리 더하고 빼고 곱하고 나누고 있잖아요. 미지수인 $x$와 $y$는 그 자리에 그대로 있고요. 아~! 그러면 이렇게 해 보면 어떨까요?

어차피 $x$와 $y$의 자리는 변하지 않으니까 숫자만 따로 써서 계산해 보는 겁니다! 그래서 숫자와 미지수 $x, y$를 분리해서 써 보려고 합니다.

처음 두 식 (1), (2)를 다음과 같이 쓰기로 약속합니다.

$$x+2y=4 \text{ ─⑴}$$
$$2x-3y=1 \text{ ─⑵}$$
$$\downarrow$$
$$\begin{pmatrix} 1 & 2 \\ 2 & -3 \end{pmatrix} \begin{pmatrix} x \\ y \end{pmatrix} = \begin{pmatrix} 4 \\ 1 \end{pmatrix}$$

이것은 연립방정식을 우리가 앞에서 배웠던 행렬로 표현한 것입니다. 또한 이것을 더욱 간단히 하여 다음과 같이 나타낼 수도 있습니다.

$$\left( \begin{array}{cc|c} 1 & 2 & 4 \\ 2 & -3 & 1 \end{array} \right)$$

이 행렬 안에 그어진 점선은 쓰기도 하고 쓰지 않기도 해요. 하지만 우리는 헷갈리지 않도록 점선을 생략하지 않을 거예요.

어쨌든 미지수가 2개인 연립방정식은 이렇게 2×3행렬을 만들 수 있습니다. 우리 한번 확인해 볼까요?

첫 번째 행 (1 2 4)는 식 (1)을 대신합니다. 그리고 두 번째 행 (2 −3 1)은 식 (2)를 대신합니다.

첫 번째 열 $\begin{pmatrix} 1 \\ 2 \end{pmatrix}$는 두 방정식의 $x$의 계수를 나타내고 두 번째 열 $\begin{pmatrix} 2 \\ -3 \end{pmatrix}$은 $y$의 계수를 나타냅니다. 물론 세 번째 열 $\begin{pmatrix} 4 \\ 1 \end{pmatrix}$은 방정식의 값이고요.

그러면 처음 연립방정식에서 만들어진 행렬 $\begin{pmatrix} 1 & 2 & | & 4 \\ 2 & -3 & | & 1 \end{pmatrix}$에서 $x$와 $y$값을 구하는 방법을 공부합시다.

앞에서 $x$를 소거하기 위해 식 (1)에 $-2$를 곱해서 식 (2)에 더 했지요? 같은 과정을 행렬에 적용합니다! 먼저 행렬의 첫 번째 행에 $-2$를 곱해서 두 번째 행에 더합니다.

$$x+2y=4 \quad \rightarrow \quad -2x-4y=-8$$

$$\begin{array}{r} -2x-4y=-8 \\ +)\ \underline{2x-3y=\ \ 1} \\ -7y=-7 \end{array}$$

$$\begin{pmatrix} 1 & 2 & | & 4 \\ 2 & -3 & | & 1 \end{pmatrix} \overset{\times(-2)}{\underset{+}{}}$$

$$\downarrow$$

$$\begin{pmatrix} 1 & 2 & | & 4 \\ 0 & -7 & | & -7 \end{pmatrix}$$

이때 두 번째 행을 보면 $(0\ -7\ -7)$인데 이것은 우리가 앞에서 구했던 $-7y=-7$과 같은 것을 의미하지요. 처음 0은 $x$의 계수가 0임을 뜻하고 원래는 $0x-7y=-7$인데 처음 항은 어차피 0이니까 보통은 쓰지 않는 것뿐입니다. 그다음은 어떻게 해야 되지요? 앞에서 $-7y=-7$의 양변을 $-7$로 나누어 $y=1$을 구했듯이 행렬의 두 번째 행 $(0\ -7\ -7)$을 $-7$로 나눌 수 있습니다. 그래서 다음과 같은 행렬을 얻게 됩니다.

$$\begin{pmatrix} 1 & 2 & \vdots & 4 \\ 0 & 1 & \vdots & 1 \end{pmatrix}$$

이 행렬의 두 번째 행 $(0\ 1\ \vdots\ 1)$은 $y=1$을 의미하지요. 다음은 $x$값을 구할 차례입니다. 다시 위 행렬을 자세히 보면 첫 번째 행 $(1\ 2\ \vdots\ 4)$는 방정식 $x+2y=4$를 의미하고, 두 번째 행 $(0\ 1\ \vdots\ 1)$은 방정식 $y=1$을 나타냅니다. 이 두 식에서 $x$값을 구하려면 아래 식에 $-2$를 곱하여 위 식에 더하면 $y$가 소거되어 원하는 $x$값을 알 수가 있겠죠.

두 번째 행에 $-2$를 곱하여 첫 번째 행에 더하면 다음과 같습니다.

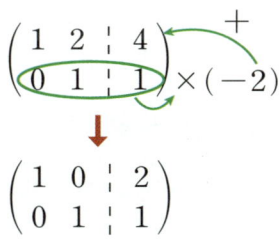

행렬의 수를 관찰하면 첫 번째 행에서 $x=2$, 두 번째 행에서 $y=1$임을 알 수 있습니다. 어떤가요? 조금 복잡했나요? 주어진 연립방정식에서 숫자만 모아 놓고, 즉 행렬로 바꾼 다음 방정식을 풀었던 방법으로 행렬의 행에 같은 계산을 하여 근을 구하는 것입니다.

이것은 연립방정식에서 $x$나 $y$ 등의 미지수는 생략한 채 계수와 식의 값으로 행렬을 만들어 원하는 방정식의 근을 구하는 방법입니다. 그냥 구하는 게 더 빠를 것 같다고요? 하하, 물론 그렇습니다. 미지수가 두세 개 정도일 경우에는 충분히 그렇게 생각할 수 있을 겁니다. 하지만 미지수가 10개, 20개 혹은 100개라면 어떨까요?

예를 들어 볼까요? 승무원이 500명인 항공사의 비행 스케줄을 짠다고 가정해 봅시다. 각 승무원들의 ID를 각각 다른 미지수로 놓고 식을 세우면 미지수가 500개인 방정식이 되겠죠? 그럴 경우 일일이 손으로 계산하여 정확한 스케줄을 만들 수 있을까요? 아마 며칠 동안 밤을 세워도 어려울 겁니다. 그러므로 이때가 바로 행렬이 필요한 경우랍니다!

　이번 시간에 우리는 방정식을 행렬로 어떻게 푸는지 알아보았습니다. 머리가 많이 아팠나요? 하지만 차근차근 나를 따라오다 보면 어느새 행렬과 친해져 있는 여러분을 발견할 수 있을 거예요. 그럼 조금 쉬었다가 다음 시간에 다시 공부해 봅시다.

## 수업정리

연립방정식을 행렬로 바꾸어서 풀 경우 다음의 연산을 할 수 있습니다.

① 한 행에 상수배를 할 수 있습니다.

⇔ 방정식의 양변에 상수배 할 수 있는 것과 같습니다.

② 한 행에 상수배 하여 다른 행에 더할 수 있습니다.

⇔ 한 방정식의 양변에 상수배 하여 다른 방정식에 더할 수 있는 것과 같습니다.

③ 행과 행을 바꿀 수 있습니다.

⇔ 방정식의 순서를 바꾸어도 만족하는 해는 똑같습니다.

## 4교시

# 행렬을 이용하여 미지수가 2개인 연립일차방정식 풀기

행렬을 이용하여 미지수가 2개인
연립일차방정식을 푸는 방법을 알아봅니다.

## 수업 목표

미지수가 2개인 연립일차방정식을 행렬로 바꾸어 풀어 보고, 이때 행렬의 연산과 그 성질을 알아봅니다.

### 미리 알면 좋아요

**미지수가 2개인 연립방정식** 미지수가 2개인 연립방정식의 해를 구할 수 있습니다. 해를 구할 때는 다음 연산을 이용합니다.

· 방정식의 순서를 바꿉니다.
· 예) $\begin{cases} 3x-7y=3 \\ 4x+7y=5 \end{cases} \Rightarrow \begin{cases} 4x+7y=5 \\ 3x-7y=3 \end{cases}$

· 방정식의 양변에 적당한 수를 곱합니다.
· 미지수를 소거하기 위하여 한 방정식의 양변에 적당한 상수를 곱한 후 다른 방정식에 더합니다.

# 실베스터의 네 번째 수업

　행렬의 시작은 바로 방정식이고 방정식은 실생활입니다. 17세기에 활동했던 철학자이자 수학자인 데카르트는 세상의 많은 문제에 대한 보편적인 해결 방법에 대하여 연구한 것으로 유명합니다. 그는 거의 대부분의 문제가 수학을 통하여 해결 가능하다고 주장하였으며, 특히 방정식을 이용하여 많은 문제를 해결할 수 있다고 하였죠. 즉, 구하려고 하는 것을 미지수로 놓고 방정식을 만들면 그 방정식의 해가 문제를 해결해 주는 답이 된

다는 것입니다. 이 주장은 실제로 많은 영역에서 '참'임이 증명되었으며 문제 해결의 중요한 방법으로 인정되고 있습니다.

이번 시간에는 행렬을 이용하여 연립방정식의 해를 구하는 방법을 자세히 알아보려고 합니다. 다음 역시 미지수가 2개인 연립일차방정식입니다.

$$\begin{cases} x+3y=5 \\ 2x-y=3 \end{cases}$$

먼저 방정식의 계수에 유의하면서 행렬로 바꿉니다.

$$\begin{pmatrix} 1 & 3 & \vdots & 5 \\ 2 & -1 & \vdots & 3 \end{pmatrix}$$

자, $2 \times 3$행렬이 만들어졌습니다. 맨 처음 원소인 1 밑에 있는 2를 0으로 만들기 위해 처음 행에 $-2$를 곱하여 두 번째 행에 더합니다.

$$\begin{pmatrix} 1 & 3 & \vdots & 5 \\ 0 & -7 & \vdots & -7 \end{pmatrix}$$

바뀐 행렬의 1 아래의 원소가 0이 되는 것에 주목하세요. 그래야 $y$를 구할 수 있으니까요. 다음은 두 번째 행의 각 수를 $-7$로 나누어야겠지요?

$$\begin{pmatrix} 1 & 3 & \vdots & 5 \\ 0 & 1 & \vdots & 1 \end{pmatrix}$$

두 번째 행에서 $y=1$임을 쉽게 알 수 있습니다. 왜 우리가 처음에 1 아래의 수를 0으로 만들었는지 이해가 되나요? 그렇습니다. $y$만 남게 하기 위해서입니다. 이제 다음은 $x$를 구해야 합니다. 그러기 위해서는 현재 3이 있는 자리를 0으로 만들어야겠지요. 이번에도 역시 행렬의 성질을 사용합니다. 행렬의 두 번째 행에 $-3$을 곱해서 첫 행에 더합니다.

$$\begin{pmatrix} 1 & 0 & \vdots & 2 \\ 0 & 1 & \vdots & 1 \end{pmatrix}$$

아! 앞에서 보았던 형태인가요? 위 행렬의 첫 행에서 $x=2$임을 알 수 있고, 두 번째 행에서 $y=1$임을 알 수 있습니다.

### 행과 행을 바꿀 수 있다

이러한 행렬에서 또 하나의 성질을 발견할 수 있습니다. 앞의 방정식 $\begin{cases} x+3y=5 \\ 2x-y=3 \end{cases}$의 위와 아래의 순서가 바뀌어 $\begin{cases} 2x-y=3 \\ x+3y=5 \end{cases}$로 주어져도 그 해는 당연히 같겠죠? 어차피 2개의 방정식을 만족하는 미지수 $x$와 $y$를 구하는 것이니까요.

앞의 방정식으로 만들어진 행렬은 $\begin{pmatrix} 1 & 3 & \vdots & 5 \\ 2 & -1 & \vdots & 3 \end{pmatrix}$이고 순서가 바뀐 방정식의 행렬은 $\begin{pmatrix} 2 & -1 & \vdots & 3 \\ 1 & 3 & \vdots & 5 \end{pmatrix}$입니다. 두 행렬을 비교하면 첫 번째 행과 두 번째 행의 순서가 바뀌어 있습니다. 두 방정식의 순서가 바뀌어도 해는 같듯이 방정식으로 만든 행렬에서 행끼리 순서를 바꾸어도 행렬에서 구한 방정식의 해는 동일합니다.

$$\begin{cases} x+3y=5 \\ 2x-y=3 \end{cases} \qquad \begin{pmatrix} 1 & 3 & \vdots & 5 \\ 2 & -1 & \vdots & 3 \end{pmatrix}$$

$$\begin{cases} 2x-y=3 \\ x+3y=5 \end{cases} \qquad \begin{pmatrix} 2 & -1 & \vdots & 3 \\ 1 & 3 & \vdots & 5 \end{pmatrix}$$

즉, 행과 행끼리 바꿀 수 있습니다. 계산할 때 행과 행을 바꾸는 게 더 편리할 때가 있습니다.

만약 두 번째 행렬 $\begin{pmatrix} 2 & -1 & \vdots & 3 \\ 1 & 3 & \vdots & 5 \end{pmatrix}$에서 처음 원소인 2 아래에 있는 1을 0으로 만들어야 하는데 그렇게 하려면 첫 행에 $-\dfrac{1}{2}$을 곱해서 두 번째 행에 더해야겠지요. 물론 그렇게 해도 상관없지만 문제는 분수를 곱해야 한다는 겁니다. 이왕이면 계산 과정이 간단할수록 좋겠지요.

이럴 때 첫 행과 두 번째 행을 바꾼 행렬 $\begin{pmatrix} 1 & 3 & \vdots & 5 \\ 2 & -1 & \vdots & 3 \end{pmatrix}$은 첫 행에 −2를 곱하여 두 번째 행에 더하면 위에서 계산한 대로 0을 만들 수 있습니다.

### 행렬의 한 행에 상수배를 할 수 있다

또한 행렬의 한 행에 일정한 상수를 곱할 수 있습니다. 다음 연립방정식을 봅시다.

$$\begin{cases} \frac{1}{3}x+y=\frac{5}{3} \\ x-\frac{1}{2}y=\frac{3}{2} \end{cases}$$

이 연립방정식에는 분수인 계수가 있습니다. 하지만 문제없습니다. 이 방정식의 해를 구하려고 할 때 여러분은 어떻게 하죠? 네! 먼저 분수 형태를 정수 형태로 바꾸면 계산이 편해지겠지요? 처음 식의 양변에 3을 곱하고, 두 번째 식의 양변에 2를 곱하면 되겠네요. 그러면 다음과 같은 식이 됩니다.

$$\begin{cases} x+3y=5 \\ 2x-y=3 \end{cases}$$

두 연립방정식의 해는 당연히 같습니다.

다시 행렬로 돌아갑니다. 분수가 있는 연립방정식을 행렬로 바꾸면 다음과 같습니다.

$$\begin{pmatrix} \frac{1}{3} & 1 & \vdots & \frac{5}{3} \\ 1 & -\frac{1}{2} & \vdots & \frac{3}{2} \end{pmatrix}$$

마찬가지로 첫 행에 3을 곱하고, 두 번째 행에 2를 곱하면 행렬 $\begin{pmatrix} 1 & 3 & \vdots & 5 \\ 2 & -1 & \vdots & 3 \end{pmatrix}$을 얻습니다. 다시 말하면, 한 행에 필요한 상수를 곱해도 그 행렬에서 구한 방정식의 해는 같습니다.

### 한 행에 상수배 하여 다른 행에 더할 수 있다

앞에서 보았던 행렬 $\begin{pmatrix} 1 & 3 & \vdots & 5 \\ 2 & -1 & \vdots & 3 \end{pmatrix}$의 첫 행에 −2를 곱하여 두 번째 행에 더하면 우리는 $\begin{pmatrix} 1 & 3 & \vdots & 5 \\ 0 & -7 & \vdots & -7 \end{pmatrix}$을 얻을 수 있습니다.

이 경우는 한 미지수를 소거하기 위해 한 방정식에 상수배 하여 다른 방정식에 더할 수 있음을 뜻하지요.

머리가 지끈지끈하지요? 하하, 그래도 차근차근 공부하다 보니 행렬 공부가 더 즐거워지는 것 같지 않나요? 우리 음료수라도 마시면서 조금 쉬었다가 다시 행렬의 세계로 빠져 봅시다.

## 수업 정리

❶ 연립방정식 $\begin{cases} ax+by=p \\ cx+dy=q \end{cases}$ 를 행렬로 표현하면 다음과 같습니다.

$$\begin{pmatrix} a & b \\ c & d \end{pmatrix} \begin{pmatrix} x \\ y \end{pmatrix} = \begin{pmatrix} p \\ q \end{pmatrix}$$

이것은 $\left( \begin{array}{cc|c} a & b & p \\ c & d & q \end{array} \right)$ 로 간단히 표현할 수 있습니다.

❷ 행렬의 한 행에 상수를 곱해서 만들어진 새로운 행렬은 같은 연립방정식의 근을 얻을 수 있습니다.

❸ 행렬의 한 행에 상수를 곱하여 다른 행에 더해서 만들어진 새로운 행렬은 같은 연립방정식의 근을 얻을 수 있습니다.

❹ 방정식으로 만든 행렬에서 행끼리 바꿀 수 있습니다.

## 5교시

# 행렬을 이용하여 미지수가 3개인 연립일차방정식 풀기

행렬을 이용하여 미지수가 3개인
연립일차방정식 푸는 방법을 알아봅니다.

## 수업 목표

미지수가 3개인 연립일차방정식을 행렬로 바꾸어 풉니다.

### 미리 알면 좋아요

1. **미지수가 3개인 연립일차방정식** 미지수가 3개인 연립일차방정식의 해를 구할 수 있습니다. 해를 구하기 위하여 다음 과정을 거칩니다.
- 방정식의 순서를 바꿀 수 있습니다.
- 분수를 없애기 위해 양변에 같은 상수를 곱할 수 있습니다.
- 미지수를 소거하기 위해 한 방정식에 상수배 하여 다른 방정식에 더할 수 있습니다.

2. **행렬에 관한 세 가지 연산 법칙** 행렬에 관한 다음과 같은 세 가지 연산 법칙을 이용하여 행렬을 간단히 할 수 있습니다.
- 행의 순서를 바꿀 수 있습니다.
- 한 행에 상수배를 할 수 있습니다.
- 한 행을 상수배 하여 다른 행에 더할 수 있습니다.

# 실베스터의 다섯 번째 수업

이번에는 미지수가 3개인 연립방정식을 행렬로 바꾸어 풀어 봅니다. 미지수가 3개라고 해서 어려워할 것 없습니다! 미지수가 많아져도 방법은 같으니까요. 자, 여기 미지수가 3개인 연립일차방정식이 주어졌습니다.

$$\begin{cases} x - y - z = 2 \\ 3x - 3y + 2z = 16 \\ 2x - y + z = 9 \end{cases}$$

이 방정식을 행렬로 표현합니다.

$$\begin{pmatrix} 1 & -1 & -1 & \vdots & 2 \\ 3 & -3 & 2 & \vdots & 16 \\ 2 & -1 & 1 & \vdots & 9 \end{pmatrix}$$

처음 방정식에 $-3$을 곱하여 두 번째 방정식에 더합니다.

$$\begin{cases} x - y - z = 2 \\ \qquad\quad 5z = 10 \\ 2x - y + z = 9 \end{cases}$$

첫 행 첫 열의 수 1 아래 3의 자리를 0으로 만들기 위해 첫 행에 $-3$을 곱하여 두 번째 행에 더합니다.

$$\begin{pmatrix} 1 & -1 & -1 & \vdots & 2 \\ 0 & 0 & 5 & \vdots & 10 \\ 2 & -1 & 1 & \vdots & 9 \end{pmatrix}$$

다시 처음 방정식에 $-2$를 곱하여 세 번째 방정식에 더하여 다음을 얻습니다.

$$\begin{cases} x-y-z=2 \\ \phantom{x-y-}5z=10 \\ \phantom{x-}y+3z=5 \end{cases}$$

다시 세 번째 행 첫 열의 수 2의 자리를 0으로 만들기 위해 첫 행에 $-2$를 곱하여 세 번째 행에 더합니다.

$$\begin{pmatrix} 1 & -1 & -1 & \vdots & 2 \\ 0 & 0 & 5 & \vdots & 10 \\ 0 & 1 & 3 & \vdots & 5 \end{pmatrix}$$

두 번째 방정식과 세 번째 방정식을 바꿉니다.

$$\begin{cases} x-y-z=2 \\ \phantom{x-}y+3z=5 \\ \phantom{x-y-}5z=10 \end{cases}$$

두 번째 행과 세 번째 행을 바꿉니다.

$$\begin{pmatrix} 1 & -1 & -1 & \vdots & 2 \\ 0 & 1 & 3 & \vdots & 5 \\ 0 & 0 & 5 & \vdots & 10 \end{pmatrix}$$

세 번째 방정식에서 양변을 5로 나눕니다.

$$\begin{cases} x-y-z=2 \\ y+3z=5 \\ z=2 \end{cases}$$

세 번째 행을 5로 나눕니다.

$$\begin{pmatrix} 1 & -1 & -1 & \vdots & 2 \\ 0 & 1 & 3 & \vdots & 5 \\ 0 & 0 & 1 & \vdots & 2 \end{pmatrix}$$

마지막 행렬에서 $z=2$임을 알 수 있습니다. 이 값을 거꾸로 위의 식에 대입하여 나머지 두 미지수 $x$와 $y$를 구할 수 있습니다. 아니면, 행렬에 지금과 같은 연산을 계속하여 더 간단하게 만든 다음, 원하는 $x$와 $y$의 값을 구할 수 있습니다. 즉, 마지막 행렬에서 두 번째 행의 세 번째 수 3을 없애면, 다시 말해 0으로 만들면 $y$값을 금방 행렬에서 얻을 수 있겠지요. 그러기 위해서 어떤 계산이 필요할까요? 네~! 세 번째 행에 $-3$을 곱하여 두 번째 행에 더하면 됩니다.

$$\begin{pmatrix} 1 & -1 & -1 & \vdots & 2 \\ 0 & 1 & 0 & \vdots & -1 \\ 0 & 0 & 1 & \vdots & 2 \end{pmatrix}$$

이것은 마지막 방정식에서 세 번째 방정식에 $-3$을 곱하여 두 번째 방정식에 더한 결과와 같습니다.

$$\begin{cases} x - y - z = 2 \\ \phantom{x - }y\phantom{ - z} = -1 \\ \phantom{x - y - }z = 2 \end{cases}$$

자, 이제 $x$의 값만 구하면 됩니다. 처음 방정식을 세 번째 식과 더하면 $z$항이 없어집니다.

$$\begin{cases} x - y \phantom{- z} = 4 \\ \phantom{x - }y \phantom{- z} = -1 \\ \phantom{x - y - }z = 2 \end{cases}$$

이것을 행렬로 나타내면 다음과 같습니다.

$$\begin{pmatrix} 1 & -1 & 0 & \vdots & 4 \\ 0 & 1 & 0 & \vdots & -1 \\ 0 & 0 & 1 & \vdots & 2 \end{pmatrix}$$

이제 마지막 단계입니다. 첫 번째 식과 두 번째 식을 더하면 우리가 원하는 모양이 됩니다.

$$x=3, y=-1, z=2$$

첫 행에 두 번째 행을 더하여 첫 행에 쓰면 다음과 같습니다.

$$\begin{pmatrix} 1 & 0 & 0 & \vdots & 3 \\ 0 & 1 & 0 & \vdots & -1 \\ 0 & 0 & 1 & \vdots & 2 \end{pmatrix}$$

위부터 읽어 볼까요? $x=3, y=-1$ 그리고 $z=2$입니다. 간단해 보이지 않지만 익숙해지면 계산은 자동으로 쑥쑥 됩니다. 여러분이 다른 계산을 쑥쑥 자동적으로 잘하듯이 말이죠. 처음 방정식이 주어지면 그것을 숫자만 쑥쑥 빼내어 행렬로 바꿉니다. 그리고 그다음부터는 방정식에 있는 미지수는 생각하지 않고 행렬에 있는 수만 계산하며 원하는 미지수의 값을 아주 쉽고 간편하게 얻을 수 있습니다. 생각을 경제적으로 하는 것이지요.

　우리는 지난 시간에 미지수가 2개인 방정식, 이번 시간에 미지수가 3개인 방정식을 행렬로 풀었습니다. 미지수가 훨씬 더 많은 경우는 행렬의 크기가 자동적으로 커져서 손으로 이러한 계산을 하기가 힘들어집니다. 길고 복잡한 계산은 컴퓨터가 처리할 수 있습니다. 이미 이러한 계산을 쉽게 할 수 있는 다양한 프로그램이 나와 있습니다.

2000년 전 사람들과 현재의 우리는 비슷한 생각을 했답니다. 동양에서 가장 오래된 수학책으로 일컫는 고대 중국의《구장산술》의 제8장에는 다음과 같은 방정식 문제가 나옵니다.

> 세 등급의 곡식이 자루에 담겨 있다. 1등급 곡식 세 자루와 2등급 곡식 두 자루, 3등급 곡식 한 자루를 합쳤더니 모두 39되가 되었고, 1등급 두 자루, 2등급 세 자루, 3등급 한 자루를 합쳤더니 34되가 되었다. 또 1등급 한 자루와 2등급 두 자루, 3등급 세 자루는 26되가 되었다. 이때 각 등급별 한 자루에 들어 있는 곡식의 양은 얼마인가?

위 문제를 현재의 수학 기호로 표현하면 다음과 같이 미지수가 3개인 삼원연립일차방정식이 됩니다.

$$\begin{cases} 3x+2y+\ z=39 \\ 2x+3y+\ z=34 \\ \ x+2y+3z=26 \end{cases}$$

그 당시에는 이 문제를 풀기 위해 이와 같이 수를 나열했어요.

|   |   |   |
|---|---|---|
| 1 | 2 | 3 |
| 2 | 3 | 2 |
| 3 | 1 | 1 |
| 26 | 34 | 39 |

현재 방정식을 행렬로 나타내는 방법과 아주 비슷하지요? 물론 당시에는 문자를 사용하지도 않았고 따라서 방정식으로 나타내지 않았지만 문제의 대응되는 수를 직사각형 모양의 가로 세로로 표현하는 것은 요즘의 행렬 표현과 다를 게 없습니다.

처음 조건을 세 번째 세로 열로 나타내고, 두 번째 조건을 두 번째 세로 열로, 세 번째 조건을 맨 앞 세로 열로 나타낸 것이 요즘 행렬 표현과 다를 뿐입니다. 행을 당시에는 열로 나타냈고, 왼쪽부터가 아닌 오른쪽부터 점차 왼쪽으로 나타냈지요. 이어서 앞 문제의 풀이로 보이는 다음 수의 배열이 나옵니다.

|   |   |   |
|---|---|---|
| 0 | 0 | 3 |
| 4 | 5 | 2 |
| 8 | 1 | 1 |
| 39 | 24 | 39 |

어떻게 만들어진 걸까요? 여러분도 잠시 생각해 보세요. 자, 이제 같이 말해 봅시다.

처음 두 번째 열에 3을 곱하고 오른쪽 열의 수를 각각 두 번 뺍니다. 그다음 첫 열에 3을 곱한 후 맨 오른쪽 열의 수를 각각 빼면 앞의 수들을 얻습니다. 이어서 《구장산술》은 이렇게 풀어 놓았습니다. 위에서 첫 열에 5배 한 후 두 번째 열에 4배 한 수를 각각 뺀 것을 첫 열에 씁니다.

$$\begin{array}{ccc} 0 & 0 & 3 \\ 0 & 5 & 2 \\ 36 & 1 & 1 \\ 99 & 24 & 39 \end{array}$$

이것을 다시 요즘 방정식으로 바꿔서 써 볼까요?

$$3x+2y+\phantom{3}z=39$$
$$5y+\phantom{3}z=24$$
$$36z=99$$

마지막 세 번째 식에서, 비록 분수지만 $z=\dfrac{99}{36}=2\dfrac{3}{4}$이 되고

나머지도 구할 수 있습니다. 즉, 3등급의 한 자루에는 $2\frac{3}{4}$되의 곡식이 들어 있습니다.

어떤가요? 우리가 지금 사용하고 있는 행렬과 그것을 이용한 문제 해결 방법은 멀리 2000년 전에 살았던 사람들이 생각했던 바로 그 방법입니다. 그들도 우리와 같은 생각을 하고 있었던 것이지요.

## 수업 정리

다음 삼원연립일차방정식을 행렬로 바꾸어 풀 수 있습니다.

$$\begin{cases} a_{11}x + a_{12}y + a_{13}z = p \\ a_{21}x + a_{22}y + a_{23}z = q \\ a_{31}x + a_{32}y + a_{33}z = r \end{cases}$$

$$\begin{pmatrix} a_{11} & a_{12} & a_{13} & \vdots & p \\ a_{21} & a_{22} & a_{23} & \vdots & q \\ a_{31} & a_{32} & a_{33} & \vdots & r \end{pmatrix}$$

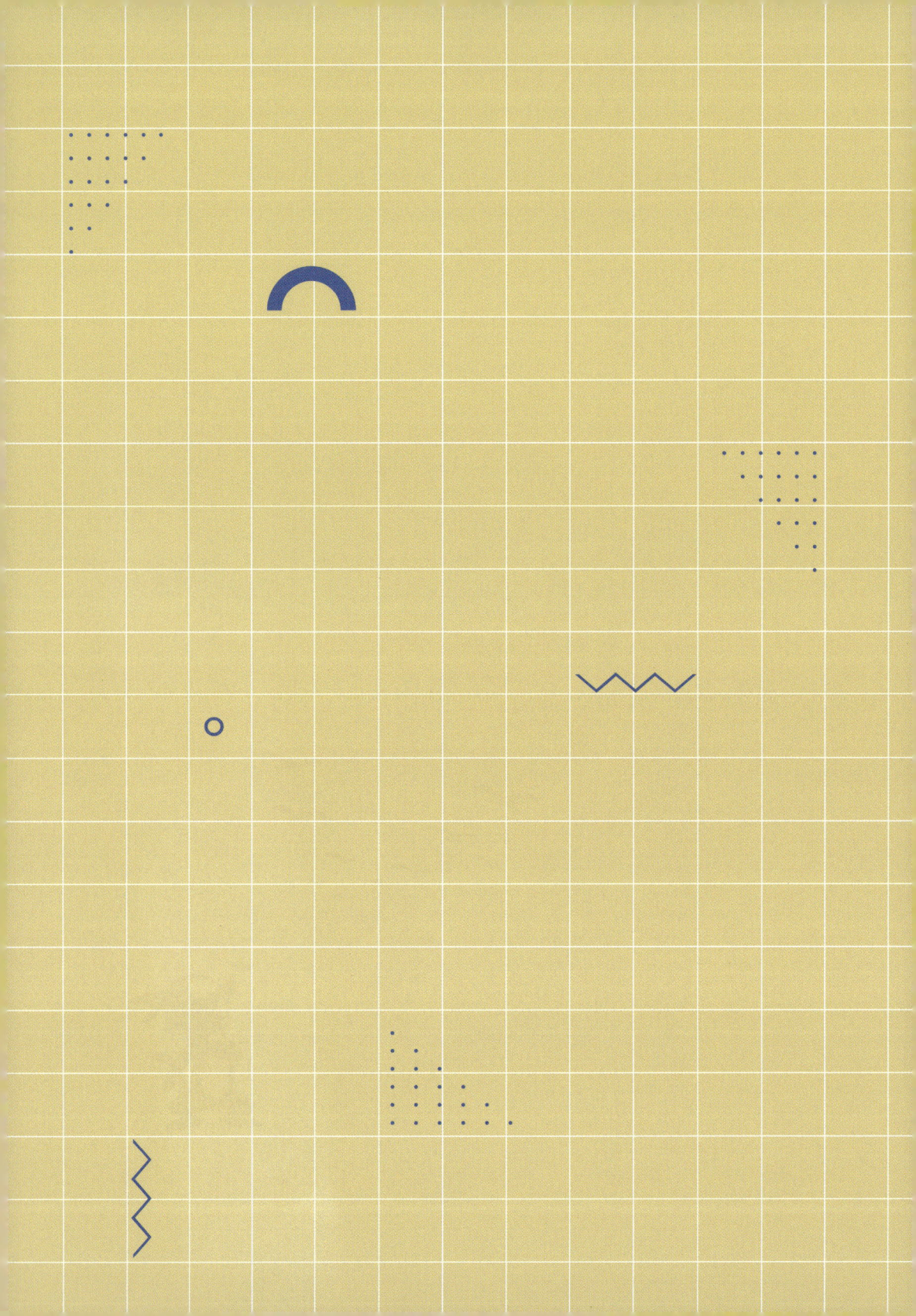

# 행렬의 덧셈과 상수배 하기

**6교시**

행렬끼리 더해 보고
각 원소에 상수배 하는 방법을 알아봅니다.

## 수업 목표

1. 행렬끼리 더할 수 있습니다.
2. 행렬의 각 원소에 상수배 할 수 있습니다.

### 미리 알면 좋아요

1. **행렬의 크기** 행렬의 행의 개수와 열의 개수가 행렬의 크기를 결정합니다.

2. **일차방정식** 일차방정식을 풀어 만족하는 해를 구할 수 있습니다.

# 실베스터의
# 여섯 번째 수업

    차곡차곡 행렬을 공부하다 보니 벌써 여섯 번째 시간이 되었습니다. 이번 시간에는 행렬의 기본적인 성질을 배웁니다. 행렬을 나타낼 때 보통 영문 대문자를 사용하고 행렬의 원소는 영문 소문자를 사용합니다.

    예를 들어 $M = \begin{pmatrix} a & b \\ c & d \end{pmatrix}$, $N = \begin{pmatrix} x & y \\ z & w \end{pmatrix}$, $P = \begin{pmatrix} 2 & 5 & 0 \\ -1 & x & y \end{pmatrix}$와 같이 필요한 문자와 수를 섞어 사용하기도 합니다. 하지만 필요하다면 원소에 대문자를 사용해도 아무런 문제는 없습니다.

### 두 행렬이 같다

보통 '두 행렬이 같다.'라고 하는 것은 행렬의 대응되는 원소가 모두 같을 때를 말합니다.

앞의 두 행렬 $M=\begin{pmatrix} a & b \\ c & d \end{pmatrix}$와 $N=\begin{pmatrix} x & y \\ z & w \end{pmatrix}$가 같다고 하면, 즉 $\begin{pmatrix} a & b \\ c & d \end{pmatrix}=\begin{pmatrix} x & y \\ z & w \end{pmatrix}$일 때를 보면 다음이 성립함을 알 수 있습니다.

$$a=x, b=y, c=z, d=w$$

예를 들어 다음 두 행렬이 같을 때 만족하는 $a, b, c, d$를 구하기 위해서는 다음과 같이 대응하는 각 원소끼리 4개의 등식을 만듭니다.

$$\begin{pmatrix} 2a-1 & b \\ 3-c & 0 \end{pmatrix}=\begin{pmatrix} a+3 & 5 \\ 0 & d-4 \end{pmatrix}$$

그다음, 대응하는 각 원소끼리 4개의 등식을 만듭니다.

$$2a-1=a+3,\ b=5,\ 3-c=0,\ 0=d-4$$

위 식을 계산해 보면 $a=4, b=5, c=3$ 그리고 $d=4$임을 알 수 있습니다.

두 행렬이 같으려면 우선 두 행렬의 크기가 같아야 합니다. 따라서 행렬 $\begin{pmatrix} a \\ b \end{pmatrix}$와 $\begin{pmatrix} p \\ q \\ r \end{pmatrix}$이나, 행렬 $\begin{pmatrix} 1 & 6 \\ 0 & 3 \end{pmatrix}$과 $\begin{pmatrix} a & b & c \\ d & e & f \end{pmatrix}$는 각각의 행렬의 크기가 다르므로 비교할 수 없습니다.

### 두 행렬을 더할 수 있다

준표와 잔디는 컴퓨터 게임을 하여 점수가 낮은 사람이 높은 사람에게 맛있는 것을 사 주기로 했습니다.

이틀 동안 A게임과 B게임을 한 후에 점수를 합산해서 A게임을 이긴 친구가 떡볶이를, B게임을 이긴 친구가 순대를 사 주기로 했죠. 그럼 먼저 이틀 동안 준표와 잔디의 게임 점수를 한 번 볼까요?

첫째 날

|  | 준표 | 잔디 |
|---|---|---|
| A게임 | 1900 | 1700 |
| B게임 | 10 | 30 |

둘째 날

|  | 준표 | 잔디 |
|---|---|---|
| A게임 | 1500 | 2000 |
| B게임 | 20 | 10 |

이제 누가 누구에게 떡볶이와 순대를 사 줘야 하는지 알아볼까요? 표에 있는 행렬로 수만을 뽑아내서 행렬을 만들어 계산해 보겠습니다. 첫째 날 성적을 뽑아낸 행렬을 M, 둘째 날 성적을 뽑아낸 행렬을 N이라고 하면 다음과 같습니다.

$$M = \begin{pmatrix} 1900 & 1700 \\ 10 & 30 \end{pmatrix}$$

$$N = \begin{pmatrix} 1500 & 2000 \\ 20 & 10 \end{pmatrix}$$

이틀 동안 준표의 A게임 점수의 합을 알려면 두 행렬의 (1, 1)원소첫 행의 첫 열 원소의 각각을 더해야 합니다. 또한 잔디의 A게임 점수의 합을 알려면 두 행렬의 (1, 2)원소를 더해야 하겠죠? 그럼 누가 떡볶이를 사야 하는지 알아볼까요?

$$(1900 \; 1700) + (1500 \; 2000)$$
$$= (1900 + 1500 \;\; 1700 + 2000)$$
$$= (3400 \; 3700)$$

실베스터의 여섯 번째 수업

준표의 점수는 3400이고 잔디의 점수는 3700입니다. 따라서 잔디가 더 높으므로 A게임에서는 잔디가 이겼네요. 그렇다면 순대는 누가 사 줘야 하는지 볼까요?

$$(10\ 30)+(20\ 10)=(10+20\ 30+10)=(30\ 40)$$

B게임 역시 잔디의 점수가 40으로 더 높은 걸 알 수 있어요. 순대도 준표가 잔디에게 사 줘야겠네요. 다음과 같이 이틀 동안 두 친구의 점수를 한꺼번에 나타낼 수 있습니다.

$$M+N=\begin{pmatrix}1900 & 1700\\10 & 30\end{pmatrix}+\begin{pmatrix}1500 & 2000\\20 & 10\end{pmatrix}=\begin{pmatrix}3400 & 3700\\30 & 40\end{pmatrix}$$

M+N=L이라고 하면 $L=\begin{pmatrix}3400 & 3700\\30 & 40\end{pmatrix}$에서 두 친구의 게임 점수를 한눈에 비교할 수 있습니다.

결국 떡볶이와 순대 모두 준표가 잔디에게 사 주어야 한다는 것을 알 수 있네요.

이와 같이 두 행렬에서 대응되는 각 원소끼리 더하여 새로운 행렬을 만들 수 있는데 이것을 '두 행렬을 더한다.'라고 합니다. 즉, 두 행렬의 덧셈은 대응되는 각 원소끼리 더하여 새로운 행렬을 만드는 것입니다.

**행렬을 더할 때, 더하려는 두 행렬의 크기 역시 같아야 한다**

크기가 다른 두 행렬은 대응되는 원소가 없을 경우가 생기므로 더할 수가 없겠지요?

$$A=\begin{pmatrix} 1 & 4 & 0 \\ -2 & 6 & 5 \end{pmatrix}, B=\begin{pmatrix} -3 & 1 & -1 \\ 3 & 0 & 2 \end{pmatrix}, C=\begin{pmatrix} 4 & 3 \\ 2 & 1 \end{pmatrix}$$

위의 행렬에서 각 대응되는 원소끼리 더하므로 $A+B=\begin{pmatrix} -2 & 5 & -1 \\ 1 & 6 & 7 \end{pmatrix}$이고 A+C나 B+C는 계산할 수 없습니다.

크기가 2×2인 두 행렬의 덧셈은 일반적으로 다음과 같이 나타낼 수 있습니다.

$$X+Y=\begin{pmatrix} a & b \\ c & d \end{pmatrix}+\begin{pmatrix} r & s \\ t & u \end{pmatrix}=\begin{pmatrix} a+r & b+s \\ c+t & d+u \end{pmatrix}$$

또한 순서를 바꾸어 더해도 대응되는 각 원소의 값은 바뀌지 않습니다.

$$Y+X=\begin{pmatrix} r & s \\ t & u \end{pmatrix}+\begin{pmatrix} a & b \\ c & d \end{pmatrix}=\begin{pmatrix} r+a & s+b \\ t+c & u+d \end{pmatrix}$$

위 두 식에서 X+Y=Y+X이므로 두 행렬은 같습니다. 즉,

두 행렬을 더할 때 더하는 순서는 상관없습니다.

### 한 행렬의 각 원소에 상수배를 할 수 있다

준표와 잔디는 매일 기본적인 수학 공식과 영어 단어를 공부하고 있습니다. 각자 할 수 있는 만큼 목표를 정해서 공부하는데 하루에 공부해야 하는 양을 다음과 같이 정했습니다.

|  | 준표 | 잔디 |
|---|---|---|
| 수학 공식 | 3개 | 4개 |
| 영어 단어 | 10개 | 15개 |

그런데 학년이 올라가면서 공부하던 양을 2배로 늘려서 하기로 했습니다. 그럼 이번 학년에서 얼마나 공부를 해야 하는지 행렬을 이용하여 알아볼까요? 먼저 원래 공부하던 양을 행렬로 나타내면 다음과 같습니다.

$$\begin{pmatrix} 3 & 4 \\ 10 & 15 \end{pmatrix}$$

원래 양의 2배를 공부한다면, 각각의 원소에 2를 곱해 주면 되겠지요.

$$2\begin{pmatrix} 3 & 4 \\ 10 & 15 \end{pmatrix} = \begin{pmatrix} 2\times 3 & 2\times 4 \\ 2\times 10 & 2\times 15 \end{pmatrix} = \begin{pmatrix} 6 & 8 \\ 20 & 30 \end{pmatrix}$$

준표는 하루에 수학 공식 6개, 영어 단어 20개를 공부하고 잔디는 수학 공식 8개, 영어 단어 30개씩 공부해야 합니다. 만약 3배로 공부하고 싶으면 3을 곱하면 되겠네요.

거꾸로 행렬의 모든 원소에 공통으로 들어 있는 약수를 다음과 같이 앞으로 빼낼 수도 있습니다.

$$① \begin{pmatrix} 4 & -6 & 12 \\ -38 & 0 & 6 \end{pmatrix} = 2\begin{pmatrix} 2 & -3 & 6 \\ -19 & 0 & 3 \end{pmatrix}$$

$$② \begin{pmatrix} -14 & 0 \\ 35 & 84 \end{pmatrix} = 7\begin{pmatrix} -2 & 0 \\ 5 & 12 \end{pmatrix}$$

①번의 경우 각 원소의 공통약수가 2이므로 그를 앞으로 빼냈고, ②번의 경우에는 공통약수가 7이므로 7을 앞으로 빼내서 행렬의 몸집을 가볍게 만들어 주었습니다.

일반적으로 크기가 2×2인 행렬에 상수 $k$배를 하면 다음과 같습니다.

$$k\begin{pmatrix} a & b \\ c & d \end{pmatrix} = \begin{pmatrix} ka & kb \\ kc & kd \end{pmatrix}$$

특별히 상수 $k=-1$이면, 다시 말해 행렬 $\begin{pmatrix} A & B \\ C & D \end{pmatrix}$에 $-1$을 곱한다면, $(-1)\begin{pmatrix} A & B \\ C & D \end{pmatrix}=\begin{pmatrix} -A & -B \\ -C & -D \end{pmatrix}$가 되고 행렬 $\begin{pmatrix} a & b \\ c & d \end{pmatrix}$에 $\begin{pmatrix} -A & -B \\ -C & -D \end{pmatrix}$을 더하면 다음과 같습니다.

$$\begin{pmatrix} a & b \\ c & d \end{pmatrix}+\begin{pmatrix} -A & -B \\ -C & -D \end{pmatrix}=\begin{pmatrix} a-A & b-B \\ c-C & d-D \end{pmatrix}$$

이것은 행렬 $\begin{pmatrix} a & b \\ c & d \end{pmatrix}$에서 행렬 $\begin{pmatrix} A & B \\ C & D \end{pmatrix}$를 뺀 결과와 같습니다. 즉, 행렬끼리 뺄셈을 할 수 있습니다.

이전 페이지에서 덧셈을 했던 두 행렬 A와 B는 다음과 같이 뺄셈을 할 수 있습니다.

$$A-B=\begin{pmatrix} 1 & 4 & 0 \\ -2 & 6 & 5 \end{pmatrix}-\begin{pmatrix} -3 & 1 & -1 \\ 3 & 0 & 2 \end{pmatrix}=\begin{pmatrix} 4 & 3 & 1 \\ -5 & 6 & 3 \end{pmatrix}$$

행렬 $\begin{pmatrix} -A & -B \\ -C & -D \end{pmatrix}$를 행렬 $\begin{pmatrix} A & B \\ C & D \end{pmatrix}$의 덧셈의 역원이라고 합니다. 어떤 행렬에 그 역원을 더하면 영행렬이 됩니다.

$$\begin{pmatrix} A & B \\ C & D \end{pmatrix} + \begin{pmatrix} -A & -B \\ -C & -D \end{pmatrix} = \begin{pmatrix} A-A & B-B \\ C-C & D-D \end{pmatrix} = \begin{pmatrix} 0 & 0 \\ 0 & 0 \end{pmatrix}$$

또한 이 영행렬 O는 일반적 행렬 A에 더해도 원래 행렬의 각 원소의 값은 변하지 않습니다. 즉, 다음 등식이 성립합니다.

$$A+O=A=O+A$$
$$A-A=O=-A+A$$

## 수업정리

❶ 두 행렬이 같다는 것은 두 행렬의 대응되는 원소끼리 모두 같다는 말입니다.

❷ 두 행렬의 대응되는 원소끼리 더하여 두 행렬의 덧셈을 할 수 있습니다.

❸ 한 행렬의 각 원소에 상수배를 할 수 있습니다.

❹ 두 행렬의 대응되는 원소끼리 빼서 두 행렬의 뺄셈을 할 수 있습니다.

## 수업 목표

행렬끼리 곱할 수 있습니다.

### 미리 알면 좋아요

1. **표를 행렬로 나타내기** 표를 행렬로 나타내면 연산이 간편해집니다.

2. **행렬의 크기** 행의 개수와 열의 개수는 행렬의 크기를 결정합니다. 행렬의 크기는 두 행렬의 곱셈이 가능한지 알 수 있습니다.

# 실베스터의
# 일곱 번째 수업

 지난 시간에 우리는 행렬의 덧셈과 뺄셈까지 배웠습니다. 차곡차곡 함께 공부하다 보니 행렬이 생각보다 그렇게 어렵지만은 않지요? 이번 시간에는 행렬의 곱셈에 대해 공부해 볼까 합니다. 여러분, 행렬의 덧셈과 뺄셈이 가능하다면 행렬의 곱셈도 가능할까요?

 자, 다음 표를 자세히 봅시다. 어디서 본 듯하죠? 바로 첫 시간에 소개했던, 나와 내 친구들이 사냥했던 동물과 각 동물에 부과된 세금이 적힌 표입니다.

|  | 토끼 | 노루 | 호랑이 |
|---|---|---|---|
| 실베스터(나) | 5마리 | 1마리 | 0마리 |
| 동건이 | 2마리 | 0마리 | 1마리 |
| 빈이 | 0마리 | 0마리 | 2마리 |

| 토끼 | 20원 |
|---|---|
| 노루 | 50원 |
| 호랑이 | 100원 |

그때도 친구들과 동물들의 이름은 빼고 간단히 숫자만 적힌 행렬 2개를 나란히 붙여 다음과 같이 나타냈습니다.

$$\begin{pmatrix} 5 & 1 & 0 \\ 2 & 0 & 1 \\ 0 & 0 & 2 \end{pmatrix} \begin{pmatrix} 20 \\ 50 \\ 100 \end{pmatrix}$$

두 행렬에서 첫 번째 행렬의 첫 행에 있는 세 숫자 5, 1, 0과 두 번째 행렬의 세 숫자 20, 50, 100을 순서대로 각각 곱한 합은 내가 낼 세금이 됩니다. 즉, 다음과 같이 계산할 수 있습니다.

$$5 \times 20 + 1 \times 50 + 0 \times 100 = 150$$

그렇습니다. 바로 150원을 세금으로 내야 합니다. 이것을 행렬에 다음과 같이 씁니다.

$$\begin{pmatrix} 5 & 1 & 0 \\ 2 & 0 & 1 \\ 0 & 0 & 2 \end{pmatrix} \begin{pmatrix} 20 \\ 50 \\ 100 \end{pmatrix} = \begin{pmatrix} 5 \times 20 + 1 \times 50 + 0 \times 100 \end{pmatrix} = \begin{pmatrix} 150 \end{pmatrix}$$

다음은 동건이가 낼 세금을 계산합니다.

$$2 \times 20 + 0 \times 50 + 1 \times 100 = 140$$

이 과정은 다음과 같이 행렬로 표시합니다.

$$\begin{pmatrix} 5 & 1 & 0 \\ 2 & 0 & 1 \\ 0 & 0 & 2 \end{pmatrix} \begin{pmatrix} 20 \\ 50 \\ 100 \end{pmatrix} = \begin{pmatrix} 2 \times 20 + 0 \times 50 + 1 \times 100 \end{pmatrix} = \begin{pmatrix} 140 \end{pmatrix}$$

마지막으로 빈이가 낼 세금은 다음과 같습니다.

$$0 \times 20 + 0 \times 50 + 2 \times 100 = 200$$

빈이가 낼 세금은 200원으로 가장 많군요! 역시 다음과 같이 행렬로 나타낼 수 있답니다.

$$\begin{pmatrix} 5 & 1 & 0 \\ 2 & 0 & 1 \\ 0 & 0 & 2 \end{pmatrix} \begin{pmatrix} 20 \\ 50 \\ 100 \end{pmatrix} = \begin{pmatrix} 0 \times 20 + 0 \times 50 + 2 \times 100 \end{pmatrix} = \begin{pmatrix} 200 \end{pmatrix}$$

위 3개의 행렬을 계산한 결과를 다음과 같이 한 행렬에 쓸 수 있습니다.

$$\begin{pmatrix} 5 & 1 & 0 \\ 2 & 0 & 1 \\ 0 & 0 & 2 \end{pmatrix} \begin{pmatrix} 20 \\ 50 \\ 100 \end{pmatrix} = \begin{pmatrix} 150 \\ 140 \\ 200 \end{pmatrix}$$

어때요? 재미있지 않습니까? 이 과정이 바로 행렬의 곱셈입니다. 아래의 식은 더 간단한 형태의 행렬의 곱셈입니다. 각자 한번 풀어 보세요.

$$\begin{pmatrix} 1 & 2 \\ 0 & 3 \end{pmatrix} \begin{pmatrix} -2 \\ 1 \end{pmatrix} = \begin{pmatrix} 1 \times (-2) + 2 \times 1 \\ 0 \times (-2) + 3 \times 1 \end{pmatrix} = \begin{pmatrix} 0 \\ 3 \end{pmatrix}$$

### 좋은 물건 싸게 사기

준표와 잔디는 엄마의 심부름으로 과일을 사러 마트에 갔습니다. 준표는 사과 6개, 포도 3송이, 오렌지 10개를, 잔디는 사과 4개, 포도 8송이, 오렌지 5개를 살 예정입니다. 그런데 막상 이웃하고 있는 두 마트의 과일 가격에 차이가 있었습니다. 과일의 품질은 다 좋아 보였는데 어느 마트에서 사야 될지 망설여졌지요.

하지만 나는 수학자거든요. 이왕이면 좋은 물건을 더 싸게 사는 게 좋겠네요!

먼저 사야 할 과일의 개수와 두 마트의 과일 가격을 알기 쉽게 한눈에 볼 수 있도록 표로 만들었어요.

* 사야 할 과일

|  | 사과 | 포도 | 오렌지 |
|---|---|---|---|
| 준표 | 6 | 3 | 10 |
| 잔디 | 4 | 8 | 5 |

* 과일 가격

|  | 마트 A | 마트 B |
|---|---|---|
| 사과(개) | 1000원 | 1500원 |
| 포도(송이) | 4000원 | 3000원 |
| 오렌지(개) | 1000원 | 2000원 |

• 준표가 마트 A에서 과일을 살 경우

$6 \times 1000 + 3 \times 4000 + 10 \times 1000 = 28000$원

- 준표가 마트 B에서 과일을 살 경우

  $6 \times 1500 + 3 \times 3000 + 10 \times 2000 = 38000$원

- 잔디가 마트 A에서 과일을 살 경우

  $4 \times 1000 + 8 \times 4000 + 5 \times 1000 = 41000$원

- 잔디가 마트 B에서 과일을 살 경우

  $4 \times 1500 + 8 \times 3000 + 5 \times 2000 = 40000$원

위에서 계산해 본 것처럼 준표는 마트 A에서, 잔디는 마트 B에서 과일을 사야 돈을 아낄 수 있습니다. 물론 한 마트에서 세 가지 과일을 다 산다고 가정했을 때 말입니다. 하지만 우리는 이제 행렬을 배운 수학자입니다. 보다 간편하고 편리한 방법을 추구하는 수학자란 말입니다.

앞의 표에 있는 수로 행렬 X와 Y를 다음과 같이 만듭니다.

$$X = \begin{pmatrix} 6 & 3 & 10 \\ 4 & 8 & 5 \end{pmatrix}, Y = \begin{pmatrix} 1000 & 1500 \\ 4000 & 3000 \\ 1000 & 2000 \end{pmatrix}$$

행렬 X는 두 사람이 필요한 과일의 개수이고 행렬 Y는 두 마트의 과일 가격입니다. 앞에서와 같이 두 행렬을 곱해야 될 것

같은데 행렬 Y의 크기가 이상하네요. Y의 크기가 3×2입니다. 앞 문제는 3×1이었는데 말이죠. 그럼 이렇게 생각해 봅시다. 먼저, 마트 A에서 준표가 살 경우 과일의 가격 28000원과 잔디가 살 경우 과일의 가격 41000원을 다음과 같이 계산하여 옆에 나란히 적습니다.

$$\begin{pmatrix} 6 & 3 & 10 \\ 4 & 8 & 5 \end{pmatrix} \begin{pmatrix} 1000 & 1500 \\ 4000 & 3000 \\ 1000 & 2000 \end{pmatrix}$$

$$= \begin{pmatrix} 6 \times 1000 + 3 \times 4000 + 10 \times 1000 \\ 4 \times 1000 + 8 \times 4000 + 5 \times 1000 \end{pmatrix}$$

$$= \begin{pmatrix} 28000 \\ 41000 \end{pmatrix}$$

마찬가지로 마트 B에서의 준표의 과일 가격 38000원과 잔디의 과일 가격 40000원을 다음과 같이 적어 봅시다.

$$\begin{pmatrix} 6 & 3 & 10 \\ 4 & 8 & 5 \end{pmatrix} \begin{pmatrix} 1000 & 1500 \\ 4000 & 3000 \\ 1000 & 2000 \end{pmatrix}$$

$$= \begin{pmatrix} 6 \times 1500 + 3 \times 3000 + 10 \times 2000 \\ 4 \times 1500 + 8 \times 3000 + 5 \times 2000 \end{pmatrix}$$

$$= \begin{pmatrix} 38000 \\ 40000 \end{pmatrix}$$

앞선 두 경우를 다음과 같이 한꺼번에 두 행렬의 곱으로 나타 냅니다.

$$XY = \begin{pmatrix} 6 & 3 & 10 \\ 4 & 8 & 5 \end{pmatrix} \begin{pmatrix} 1000 & 1500 \\ 4000 & 3000 \\ 1000 & 2000 \end{pmatrix} = \begin{pmatrix} 28000 & 38000 \\ 41000 & 40000 \end{pmatrix}$$

여기에서 마지막 행렬 $\begin{pmatrix} 28000 & 38000 \\ 41000 & 40000 \end{pmatrix}$은 무엇을 나타낼까 요? 첫 번째 열의 28000, 41000은 준표와 잔디가 마트 A에서 살 수 있는 과일의 가격이고, 두 번째 열 38000과 40000은 마트 B에서 두 사람이 살 수 있는 과일의 가격을 나타냅니다. 또한 첫 행은 준표가 두 마트에서 살 수 있는 과일의 가격이고, 두 번째 행은 잔디가 살 수 있는 과일의 가격이지요.

이와 같이 행렬은 원하는 자료의 값을 일목요연하게 볼 수 있는 장점을 가지고 있습니다. 이상에서 두 행렬을 곱하려면 행렬의 크기가 맞아야 하겠지요? 여러분은 눈치를 챘나요? 네, 그렇습니다. 두 행렬 A와 B를 곱할 때 행렬 A의 각 행에 있는 원소와 행렬 B의 열에 있는 원소를 곱하여 새로운 행렬을 만들었지요? 맞습니다! 두 행렬을 곱하려면 앞 행렬의 행에 있는 원소의 수, 즉 열의 수와 뒤 행렬의 열에 있는 원소의 수, 즉 행의 개수가 같아야 합니다. 행렬 X의 크기는 $2 \times 3$, 행렬 Y의 크기는 $3 \times 2$입니다. 앞 행렬의 열의 수 3과 뒤 행렬의 행의 수 3이 같아야 곱행렬 XY가 가능합니다.

두 행렬을 곱한 행렬의 크기는 어떨까요? 위에서 $2 \times 3$인 행렬 X와, $3 \times 2$인 행렬 Y를 곱한 XY의 크기는 $2 \times 2$입니다. 행렬 X의 행 개수와 행렬 Y의 열의 개수가 곱 XY의 크기입니다. 여러분도 몇 개의 예를 통해 쉽게 확인할 수 있습니다.

보통 $2 \times 3$ 크기의 행렬 A를 $A_{2 \times 3}$이라고 씁니다. 다음 행렬의 작은 수는 각 행렬의 크기를 말해 줍니다.

$$A = \begin{pmatrix} 6 & 3 & 10 \\ 4 & 8 & 5 \end{pmatrix}_{2\times 3}, B = \begin{pmatrix} 1 & 1 \\ 2 & -2 \\ 0 & 3 \end{pmatrix}_{3\times 2},$$

$$C = \begin{pmatrix} 5 & 0 \\ 3 & 2 \end{pmatrix}_{2\times 2}, D = \begin{pmatrix} 2 & 3 \\ 0 & 4 \\ 4 & 0 \\ 1 & 5 \end{pmatrix}_{4\times 2}$$

(AB)₂ₓ₂와 (BC)₃ₓ₂가 가능하고 C와 D, B와 D는 곱이 가능하지 않습니다. 여기서 (BA)₃ₓ₃은 가능하지만 C와 B는 가능하지 않습니다. 곱이 가능한 행렬끼리 더 있으면 한번 짝 지어 보세요.

다음 행렬의 곱을 구해 봅시다.

$$AB = \begin{pmatrix} 2 & 1 \\ 1 & 0 \end{pmatrix} \begin{pmatrix} 2 & 0 \\ -1 & 4 \end{pmatrix} = \begin{pmatrix} 3 & 4 \\ 2 & 0 \end{pmatrix}$$

$$BA = \begin{pmatrix} 2 & 0 \\ -1 & 4 \end{pmatrix} \begin{pmatrix} 2 & 1 \\ 1 & 0 \end{pmatrix} = \begin{pmatrix} 4 & 2 \\ 2 & -1 \end{pmatrix}$$

위에서 알 수 있듯이 두 행렬의 순서를 바꾸어 곱하면 바꾸기 전의 곱과 일반적으로 그 값이 같지 않습니다. 우리 함께 기호로 써 볼까요? 두 행렬 A와 B에 대하여 다음과 같이 나타낼 수 있습니다.

$$AB \neq BA$$

따라서 앞으로 행렬을 곱할 때에는 앞쪽에 곱할지 아니면 뒤쪽에 곱할지 유의해야 합니다.

### 단위행렬

행렬 $A = \begin{pmatrix} 2 & 1 \\ 1 & 0 \end{pmatrix}$에 $I = \begin{pmatrix} 1 & 0 \\ 0 & 1 \end{pmatrix}$을 앞뒤로 곱해 봅시다.

$$AI = \begin{pmatrix} 2 & 1 \\ 1 & 0 \end{pmatrix} \begin{pmatrix} 1 & 0 \\ 0 & 1 \end{pmatrix} = \begin{pmatrix} 2 & 1 \\ 1 & 0 \end{pmatrix} = A$$

$$IA = \begin{pmatrix} 1 & 0 \\ 0 & 1 \end{pmatrix} \begin{pmatrix} 2 & 1 \\ 1 & 0 \end{pmatrix} = \begin{pmatrix} 2 & 1 \\ 1 & 0 \end{pmatrix} = A$$

이와 같이 행렬 A에 $I = \begin{pmatrix} 1 & 0 \\ 0 & 1 \end{pmatrix}$을 곱하면 A 자신이 됩니다. 즉, $AI = IA = A$가 됩니다. 이러한 $I = \begin{pmatrix} 1 & 0 \\ 0 & 1 \end{pmatrix}$을 단위행렬이라 합니다. 기억하나요? 이 이름은 두 번째 시간에 공부한 적이 있습니다. 크기에 따라 $\begin{pmatrix} 1 & 0 & 0 \\ 0 & 1 & 0 \\ 0 & 0 & 1 \end{pmatrix}$도 있고요. 더 큰 단위행렬이 필요하다면 얼마든지 만들면 됩니다. 대각선은 모두 1이고 나머지 원소는 0입니다.

이 단위행렬은 다른 행렬의 앞뒤에 곱해도 원래 행렬의 값을 그대로 유지합니다. 이것은 마치 어떤 수에 1을 곱하면 처음의 어떤 수가 그대로 남는 것과 같습니다. 물론 곱할 때는 두 행렬의 크기를 맞추는 것을 절대 잊어버리면 안 되겠죠?

## 수업 정리

❶ 두 행렬을 곱하려면 앞 행렬의 열의 개수와 뒤 행렬의 행의 개수가 같아야 합니다. 이때 곱한 행렬의 크기는 앞 행렬의 행의 개수와 뒤 행렬의 열의 개수로 결정됩니다.
즉, $A_{m \times n} B_{n \times t} = C_{m \times t}$ 입니다.

❷ 앞 행렬의 $i$번째 행과 뒤 행렬 $j$번째 열의 각 대응되는 원소들의 곱의 합이 곱한 행렬에서 $(i, j)$ 성분을 만듭니다.

❸ 일상생활 문제를 행렬의 곱으로 표현할 수 있는 상황을 찾아봅시다.

## 8교시

# 역행렬을 이용한 방정식 풀기

역행렬을 구해 보고 이를 통해
방정식을 풀어 봅니다.

## 수업 목표

역행렬을 구할 수 있고 이를 이용하여 방정식을 풀 수 있습니다.

### 미리 알면 좋아요

1. **행렬의 곱셈** 앞 시간에 익혔던 두 행렬의 곱을 실제로 계산합니다. 먼저, 곱할 행렬의 크기가 맞는지 확인해야 합니다.

2. **단위행렬** 정사각행렬에서 대각선의 원소는 모두 1이고 나머지 원소는 모두 0인 행렬을 단위행렬이라 합니다. 단위행렬은 수의 곱셈에서 1과 같은 역할을 합니다. 즉, 행렬에 곱해도 원래의 행렬이 변하지 않습니다.

3. **곱셈에 대한 역원** 수의 곱셈에서 곱해서 1이 되는 수를 서로 곱셈에 대한 역원이라 합니다. 예를 들어 $3 \times \frac{1}{3} = 1$에서 3은 $\frac{1}{3}$의 곱셈에 대한 역원 혹은 역수, $\frac{1}{3}$은 3의 곱셈에 대한 역원이라 합니다. $\frac{a}{b}$의 곱셈에 대한 역원은 $\frac{b}{a}$입니다.

# 실베스터의 여덟 번째 수업

다음과 같은 일차방정식이 있습니다.

$$3x=2, \therefore x=\frac{2}{3}$$

식을 보자마자 답이 나왔죠? 여러분은 익숙하니까 금방 답을 말할 수 있지만 그 답을 구하는 과정은 다음과 같습니다. 방정식 $3x=2$의 양변에 $x$의 계수 3의 곱셈에 대한 역원 $\frac{1}{3}$을 곱해서 계산해 봅니다.

$$\left(\frac{1}{3}\right)3x=\left(\frac{1}{3}\right)2$$
$$\left(\frac{1}{3}\times 3\right)x=\frac{1}{3}\times 2$$
$$\therefore x=\frac{2}{3}$$

위 식을 일반화한 일차방정식은 $ax=b$이고, $a$의 곱셈에 대한 역원 $\frac{1}{a}$ 여기서 중요한 조건, $a\neq 0$을 양변에 곱합니다.

$$\left(\frac{1}{a}\right)ax=\left(\frac{1}{a}\right)b$$
$$\left(\frac{1}{a}\times a\right)x=\frac{b}{a}$$
$$\therefore x=\frac{b}{a}$$

이러한 과정을 연립방정식을 푸는 행렬의 연산에도 적용할 수 있습니다. 그러기 위해서 먼저 다음 개념이 필요합니다. 다음 두 행렬 $A=\begin{pmatrix}2 & 5\\ 1 & 3\end{pmatrix}$과 $B=\begin{pmatrix}3 & -5\\ -1 & 2\end{pmatrix}$를 곱해 봅니다.

$$AB=\begin{pmatrix}2 & 5\\ 1 & 3\end{pmatrix}\begin{pmatrix}3 & -5\\ -1 & 2\end{pmatrix}=\begin{pmatrix}1 & 0\\ 0 & 1\end{pmatrix}=I$$

두 행렬을 거꾸로 곱해 보면 어떨까요?

$$BA = \begin{pmatrix} 3 & -5 \\ -1 & 2 \end{pmatrix} \begin{pmatrix} 2 & 5 \\ 1 & 3 \end{pmatrix} = \begin{pmatrix} 1 & 0 \\ 0 & 1 \end{pmatrix} = I$$

이와 같이 두 행렬을 앞뒤로 곱해서 단위행렬이 될 때 두 행렬은 서로 역행렬이라 부릅니다. 이때 $A^{-1}=B$ 혹은 $B^{-1}=A$라고 쓰고, '행렬 A의 역행렬은 B' 혹은 '행렬 B의 역행렬은 A'라고 읽습니다.

행렬이 주어지면 우리는 역행렬을 구할 수 있습니다. 예를 들어 $A = \begin{pmatrix} 2 & 5 \\ 1 & 3 \end{pmatrix}$에 대한 역행렬은 다음과 같이 구합니다.

$$AA^{-1} = \begin{pmatrix} 2 & 5 \\ 1 & 3 \end{pmatrix} \begin{pmatrix} x & y \\ z & w \end{pmatrix} = \begin{pmatrix} 1 & 0 \\ 0 & 1 \end{pmatrix}$$

이것을 만족하는 행렬 $A^{-1} = \begin{pmatrix} x & y \\ z & w \end{pmatrix}$를 구해야 합니다. 위 두 행렬의 곱을 전개하면 다음 사원연립일차방정식이 됩니다.

$$\begin{cases} 2x + 5z = 1 \\ x + 3z = 0 \\ 2y + 5w = 0 \\ y + 3w = 1 \end{cases}$$

4개의 식 중 위의 2개의 식에서 $x = 3$, $z = -1$을 얻고, 아래 두 식에서 $y = -5$, $w = 2$를 구할 수 있습니다. 다시 말해, $A^{-1} = \begin{pmatrix} 3 & -5 \\ -1 & 2 \end{pmatrix}$이고 이는 앞에서의 B와 같아 A의 역행렬이라는 것을 확인할 수 있지요.

이와 같은 방법으로 일반적인 $2 \times 2$행렬 $\begin{pmatrix} a & b \\ c & d \end{pmatrix}$의 역행렬을 구하면 다음과 같습니다. 여러분 각자 계산해 보기 바랍니다.

$$\begin{pmatrix} a & b \\ c & d \end{pmatrix}^{-1} = \begin{pmatrix} \dfrac{d}{ad-bc} & \dfrac{-b}{ad-bc} \\ \dfrac{-c}{ad-bc} & \dfrac{a}{ad-bc} \end{pmatrix}$$

$$= \frac{1}{ad-bc} \begin{pmatrix} d & -b \\ -c & a \end{pmatrix} \text{(단, } ad-bc \neq 0\text{)}$$

이때 조건 $ad-bc \neq 0$는 역행렬이 존재할 수 있는 조건이 됩니다. 만약 $ad-bc=0$이면 분모가 0이 되어 역행렬이 존재할 수 없기 때문입니다. $ad-bc$의 값은 역행렬이 존재할 수 있느냐, 없느냐를 판단하는 값이라 하여 행렬 $\begin{pmatrix} a & b \\ c & d \end{pmatrix}$의 판별식이라 합니다. 즉, 다음과 같이 씁니다.

$$\begin{vmatrix} a & b \\ c & d \end{vmatrix} = ad-bc \begin{cases} \text{0이 아닌 경우: 역행렬이 존재함} \\ \text{0인 경우: 역행렬이 존재하지 않음} \end{cases}$$

행렬 $\begin{pmatrix} 1 & 2 \\ 3 & 4 \end{pmatrix}$의 역행렬을 구해 봅시다. 먼저 역행렬이 있나요?

$$\begin{vmatrix} 1 & 2 \\ 3 & 4 \end{vmatrix} = 1 \times 4 - 2 \times 3 = -2 \neq 0$$

판별식의 값이 0이 아니므로 역행렬이 존재하고 다음과 같이 계산할 수 있습니다.

$$\begin{pmatrix} 1 & 2 \\ 3 & 4 \end{pmatrix}^{-1} = \frac{1}{-2}\begin{pmatrix} 4 & -2 \\ -3 & 1 \end{pmatrix} = \begin{pmatrix} -2 & 1 \\ \frac{3}{2} & -\frac{1}{2} \end{pmatrix}$$

행렬 $\begin{pmatrix} 3 & 0 \\ 0 & 1 \end{pmatrix}$의 판별식은 $3 \times 1 - 0 \times 0 = 3 \neq 0$이므로 역행렬

이 존재한다는 것을 알 수 있습니다.

$$\begin{pmatrix} 3 & 0 \\ 0 & 1 \end{pmatrix}^{-1} = \frac{1}{3}\begin{pmatrix} 1 & 0 \\ 0 & 3 \end{pmatrix} = \begin{pmatrix} \frac{1}{3} & 0 \\ 0 & 1 \end{pmatrix}$$

또한 $\begin{vmatrix} 1 & 2 \\ 0 & 1 \end{vmatrix} = 1 \times 1 - 2 \times 0 = 1 \neq 0$이므로 다음 역행렬을 구할 수 있습니다.

$$\begin{pmatrix} 1 & 2 \\ 0 & 1 \end{pmatrix}^{-1} = \frac{1}{1}\begin{pmatrix} 1 & -2 \\ 0 & 1 \end{pmatrix} = \begin{pmatrix} 1 & -2 \\ 0 & 1 \end{pmatrix}$$

모든 행렬이 역행렬을 갖지는 않습니다. 행렬 $\begin{pmatrix} 1 & 2 \\ 2 & 4 \end{pmatrix}$나 $\begin{pmatrix} 2 & 4 \\ 3 & 6 \end{pmatrix}$ 등은 역행렬을 갖지 않습니다. 왜냐하면 $\begin{vmatrix} 1 & 2 \\ 2 & 4 \end{vmatrix} = 1 \times 4 - 2 \times 2 = 0$, $\begin{vmatrix} 2 & 4 \\ 3 & 6 \end{vmatrix} = 2 \times 6 - 4 \times 3 = 0$이기 때문입니다.

지금까지 공부한 역행렬과 그 성질을 이용하여 앞에서와 다른 방법으로 연립방정식의 해를 구할 수 있습니다.

다음 페이지의 이원연립일차방정식을 역행렬을 이용하여 한 번 풀어 봅시다.

$$\begin{cases} x+2y=3 \\ 3x+4y=-2 \end{cases}$$

행렬로 나타내면 다음과 같습니다.

$$\begin{pmatrix} 1 & 2 \\ 3 & 4 \end{pmatrix} \begin{pmatrix} x \\ y \end{pmatrix} = \begin{pmatrix} 3 \\ -2 \end{pmatrix}$$

여기서 $A = \begin{pmatrix} 1 & 2 \\ 3 & 4 \end{pmatrix}$, $X = \begin{pmatrix} x \\ y \end{pmatrix}$, $B = \begin{pmatrix} 3 \\ -2 \end{pmatrix}$라 합시다. 그러면 위 행렬식은 $AX=B$로 나타낼 수 있습니다. 이번 시간 앞쪽에서 이미 이야기했던 일차방정식과 똑같은 형태입니다. 자, 다음은 어떻게 했지요? 네, 여기서는 행렬 A의 역행렬 $A^{-1}$을 양변에 곱합니다. 이때 어떤 주의를 해야 할까요? 행렬의 곱셈은 순서를 바꾸면 안 되니까 등식의 왼쪽에 나란히 $A^{-1}$를 곱합니다.

$$A^{-1}(AX) = A^{-1}B$$
$$(A^{-1}A)X = A^{-1}B$$
$$IX = X = A^{-1}B$$

우리는 앞에서 이미 $A^{-1} = \begin{pmatrix} 1 & 2 \\ 3 & 4 \end{pmatrix}^{-1} = \begin{pmatrix} -2 & 1 \\ \frac{3}{2} & -\frac{1}{2} \end{pmatrix}$을 구했습니다. 그러므로 다음과 같이 계산할 수 있겠지요.

$$X = \begin{pmatrix} x \\ y \end{pmatrix} = A^{-1}B = \begin{pmatrix} -2 & 1 \\ \frac{3}{2} & -\frac{1}{2} \end{pmatrix} \begin{pmatrix} 3 \\ -2 \end{pmatrix} = \begin{pmatrix} -8 \\ \frac{11}{2} \end{pmatrix}$$

따라서 연립방정식을 만족하는 해는 $x = -8, y = \frac{11}{2}$입니다.

여기서 수업을 마치기 전에 행렬 $\begin{pmatrix} a & b \\ c & d \end{pmatrix}$의 역행렬이 존재할 조건 $ad - bc \neq 0$에 대하여 같이 생각해 보도록 합시다. 다음 일반적인 이원연립일차방정식을 풀어 봅시다.

$$\begin{cases} ax + by = p \\ cx + dy = q \end{cases}$$

$x$나 $y$를 구할 때 나머지 문자를 소거하기 위해서 위아래 식에 일정 수를 곱하게 되지요. $x$를 구한다고 하면 $y$의 계수를 0으로 하기 위해 위 식에 $d$를 곱하고, 아래 식에 $b$를 곱해서 뺍니다.

$$d(ax+by)=dp$$
$$b(cx+dy)=bq$$

위 식에서 아래 식을 빼 볼까요?

$$(ad-bc)x=dp-bq$$

여기서 $x$값을 구해야 하는데 계수 $ad-bc\neq0$인 조건이 필요합니다. $y$를 구하려고 해도 마찬가지입니다. 앞에서 역행렬의 존재 조건 역시 같은 이유입니다.

## 수업 정리

❶ 이차 정사각행렬 $\begin{pmatrix} a & b \\ c & d \end{pmatrix}$의 역행렬을 구할 수 있습니다.

$$\begin{pmatrix} a & b \\ c & d \end{pmatrix}^{-1} = \frac{1}{ad-bc} \begin{pmatrix} d & -b \\ -c & a \end{pmatrix}$$ 단, $ad-bc \neq 0$

❷ 역행렬을 이용하여 이원연립일차방정식 $\begin{cases} ax+by=p \\ cx+dy=q \end{cases}$의 해를 구할 수 있습니다. 먼저 다음과 같이 방정식을 행렬로 바꿉니다.

$$\begin{pmatrix} a & b \\ c & d \end{pmatrix} \begin{pmatrix} x \\ y \end{pmatrix} = \begin{pmatrix} p \\ q \end{pmatrix}$$

그리고 양변 왼쪽에 $\begin{pmatrix} a & b \\ c & d \end{pmatrix}$의 역행렬을 곱합니다.

$$\begin{pmatrix} x \\ y \end{pmatrix} = \begin{pmatrix} a & b \\ c & d \end{pmatrix}^{-1} \begin{pmatrix} p \\ q \end{pmatrix}$$

$$\begin{pmatrix} x \\ y \end{pmatrix} = \frac{1}{ad-bc} \begin{pmatrix} d & -b \\ -c & a \end{pmatrix} \begin{pmatrix} p \\ q \end{pmatrix}$$

$$\phantom{\begin{pmatrix} x \\ y \end{pmatrix}} = \frac{1}{ad-bc} \begin{pmatrix} dp-bq \\ -cp+aq \end{pmatrix}$$ 단, $ad-bc \neq 0$

즉, $x = \dfrac{dp-bq}{ad-bc}, y = \dfrac{-cp+aq}{ad-bc}$ 입니다.

### 9교시

# 행렬을 이용한 문제 해결

행렬을 이용하여 다양한 문제를 해결해 봅니다.

## 수업 목표

1. 행렬을 이용하여 문제를 해결할 수 있습니다.
2. 행렬의 연산 결과를 통하여 미래를 예측하고 따라서 적절한 계획을 수립할 수 있습니다.

### 미리 알면 좋아요

1. **문제 상황을 간단히 표로 정리하기** 복잡한 문제 상황을 표를 만들면 일목요연하게 정리가 되고, 문제 해결에 대한 전략을 세우는 데 길잡이가 됩니다.

2. **행렬의 곱셈** 두 행렬의 곱셈에 대한 연산을 알고 곱해진 행렬의 각 원소가 무엇을 의미하는지 알아 둡시다.

3. **확률** 일기 예보나 운동 경기 혹은 각종 선거와 관련지어 확률이 사용됩니다. 비가 올 확률이 60%, 오늘 밤 축구 경기에서 우리나라가 이길 확률이 0.8 혹은 오늘 방과 후 남아서 청소할 확률이 $\frac{1}{2}$ 등, 확률은 0부터 1까지의 값을 갖습니다.

# 실베스터의 아홉 번째 수업

### 나는 CEO

자, 이번 시간에는 앞 시간에 배운 수업 내용을 종합하여 문제를 해결해 볼까 합니다. 지금부터 여러분이 어떤 회사의 CEO가 되었다고 생각해 봅시다. 근사하지요? CEO는 여러분이 다 알고 있다시피 회사의 대표를 말합니다. 사장님이죠! 사장님은 아무나 할 수 있는 자리가 아닙니다. 회사가 잘 발전할 수 있도록 계획을 세워야 하고 비전을 제시해야 합니다.

여러분, 매 식사 후 양치질을 잘하나요? 지금부터 여러분은 치약을 만드는 회사의 사장입니다. 회사의 발전 계획을 잘 세우려면 가장 먼저 해야 할 일이 무엇일까요? 당연히 현재 팔리고 있는 제품에 대한 소비자들의 의견을 파악해야 합니다.

전문가에게 의뢰하여 어떤 회사 제품인 두 종류의 치약 — 하얀이 치약과 고은이 치약—에 대하여 지난 1년간 두 치약을 사용해 본 소비자 200명의 의견을 조사했습니다. 그 결과는 다음과 같았습니다.

지금 하얀이 치약을 이용하고 있는 사람이 다음에 또 하얀이 치약을 이용할 확률이 70%이고, 고은이 치약으로 바꾸고 싶은 사람은 나머지 30%입니다. 여기서 치약의 종류가 하얀이 치약과 고은이 치약만 있다고 가정합니다. 수학은 이러한 가정이 꼭 필요하지요! 그리고 현재 고은이 치약을 쓰는 사람이 또 고은이 치약을 쓸 확률이 80%이고 하얀이 치약으로 바꿀 확률이 20%라고 합니다.

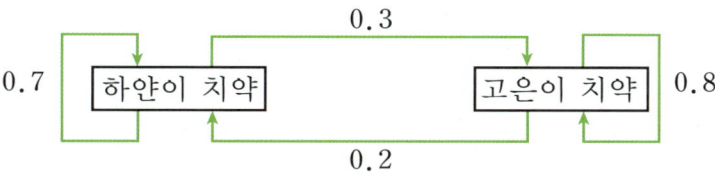

조사한 200명 중에서 120명이 현재 하얀이 치약을 사용하고, 80명은 고은이 치약을 사용합니다. 1년 주기로 이 패턴이 유지된다고 할 때, 1년 후 두 치약을 사용하는 소비자는 각각 몇 명

일지 알 수 있을까요? 정말 흥미진진한 문제이지요? 이것을 알아야 내년에 생산할 치약의 개수를 알 수 있습니다. 다음과 같은 계산으로 내년에 필요한 치약의 개수는 금방 구할 수 있습니다.

$$0.7 \times 120 + 0.2 \times 80 = 100$$

$$0.3 \times 120 + 0.8 \times 80 = 100$$

첫 번째 식이 하얀이 치약, 두 번째 식은 고은이 치약의 수를 나타냅니다. 둘 다 똑같이 100개씩 만들면 되겠네요. 행렬을 배운 우리는 이 식을 당연히 다음과 같이 나타낼 수 있습니다.

$$\begin{pmatrix} 0.7 & 0.2 \\ 0.3 & 0.8 \end{pmatrix} \begin{pmatrix} 120 \\ 80 \end{pmatrix} = \begin{pmatrix} 100 \\ 100 \end{pmatrix}$$

여기서 잠깐! 행렬 $\begin{pmatrix} 0.7 & 0.2 \\ 0.3 & 0.8 \end{pmatrix}$의 제1열인 $\begin{pmatrix} 0.7 \\ 0.3 \end{pmatrix}$의 위아래 숫자를 합하면 1이고, 역시 두 번째 열 $\begin{pmatrix} 0.2 \\ 0.8 \end{pmatrix}$의 위아래 숫자의 합도 1입니다.

이와 같이 각 열에 있는 원소들의 합이 1인 행렬을 러시아의 수학자 마르코프의 이름을 따서 마르코프 행렬이라 부릅니다. 이 행렬은 어떠한 변화가 확률을 나타내는 경우에 흔히 나타납니다. 어느 지역에서의 인구 변화, 시장 경제에서의 판도 변화 등 우리 주위에 여러 변화를 이러한 행렬로 표현할 수 있고, 그로부터 문제를 효과적으로 해결할 수 있습니다.

그럼 본론으로 돌아와서 2년째 되는 해에는 어떻게 될까요? 다시 다음 식을 만들 수 있습니다.

$$\begin{pmatrix} 0.7 & 0.2 \\ 0.3 & 0.8 \end{pmatrix} \begin{pmatrix} 100 \\ 100 \end{pmatrix} = \begin{pmatrix} 90 \\ 110 \end{pmatrix}$$

계산해 보니 2년째 되는 해에는 하얀이 치약은 90개, 고은이 치약은 110개 필요합니다. 그런데 하얀이 치약은 처음에 120개에서 내년에 100개, 또다시 1년 후엔 90개로 줄고 있네요. 그렇다면 이 치약은 결국 생산을 중단해야 하나요? 3년 후에는? 4년 후, ……, 10년 후에는?

이 결과를 미리 알아보는 것은 아주 중요한 일입니다. 꼭 알아야 합니다. 왜냐하면 나는 회사의 CEO이니까요. 회사를 잘 이끌어야 하는 사장은 계획에 따라 필요한 제품을 늘려 생산해야 하고 혹은 공장도 새로 지어야 합니다. 이러한 상태라면 두 치약은 앞으로 생산을 어떻게 해야 할까요? 한 종류는 없어질까요? 아니면, 둘 다 생산량을 늘려야 할까요?

우리는 이 결과를 미리 알아볼 수 있습니다. 한 회사는 단지 소비자 200명을 대상으로 하지는 않습니다. 수만 명, 수십만 명을 대상으로 하려면 전체에 대한 확률을 계산해야 합니다. 그러니까 처음 200명에 대한 하얀이 치약을 사용하는 비율은 $\frac{120}{200}=0.6$, 고은이 치약을 사용하는 사람들의 비율은 $\frac{80}{200}=0.4$입니다. 1년 후 두 치약의 판매 확률을 $P_1$이라 하면 다음과 같은 식을 얻을 수 있습니다.

$$P_1=\begin{pmatrix} 0.7 & 0.2 \\ 0.3 & 0.8 \end{pmatrix}\begin{pmatrix} 0.6 \\ 0.4 \end{pmatrix}=\begin{pmatrix} 0.5 \\ 0.5 \end{pmatrix}$$

그러니까 처음 1년 후 반반의 확률로 두 치약을 생산해야 합니다. 그렇다면 2년째 되는 해의 두 치약의 생산 비율은 어떻게 계산할 수 있을까요?

$$P_2=\begin{pmatrix} 0.7 & 0.2 \\ 0.3 & 0.8 \end{pmatrix}\begin{pmatrix} 0.5 \\ 0.5 \end{pmatrix}=\begin{pmatrix} 0.45 \\ 0.55 \end{pmatrix}$$

위의 식에서와 같이 하얀이 치약은 45%, 고은이 치약은 55%의 소비가 예상됩니다. 계속해서 다시 3년째, 4년째, ……, $n$년째의 예상 소비 비율을 계산해 봅시다.

$$P_3 = \begin{pmatrix} 0.7 & 0.2 \\ 0.3 & 0.8 \end{pmatrix} \begin{pmatrix} 0.45 \\ 0.55 \end{pmatrix} = \begin{pmatrix} 0.425 \\ 0.575 \end{pmatrix}$$

$$P_4 = \begin{pmatrix} 0.7 & 0.2 \\ 0.3 & 0.8 \end{pmatrix} \begin{pmatrix} 0.425 \\ 0.575 \end{pmatrix} = \begin{pmatrix} 0.413 \\ 0.588 \end{pmatrix}$$

$$P_5 = \begin{pmatrix} 0.7 & 0.2 \\ 0.3 & 0.8 \end{pmatrix} \begin{pmatrix} 0.413 \\ 0.588 \end{pmatrix} = \begin{pmatrix} 0.408 \\ 0.594 \end{pmatrix}$$

하얀이 치약의 확률이 계속 줄어들고 있지만 그 폭은 점점 작아지는 것이 보입니다. 같은 방법으로 다음을 계속 구해 봅시다.

$$P_6 = \begin{pmatrix} 0.403 \\ 0.597 \end{pmatrix}, P_7 = \begin{pmatrix} 0.402 \\ 0.598 \end{pmatrix}, P_8 = \begin{pmatrix} 0.401 \\ 0.599 \end{pmatrix}$$

$$P_9 = \begin{pmatrix} 0.4 \\ 0.6 \end{pmatrix}, P_{10} = \begin{pmatrix} 0.4 \\ 0.6 \end{pmatrix}, \cdots\cdots$$

같은 확률이 계속 나오네요. 이 결과는 장기적으로 하얀이 치약이 40%, 고은이 치약이 60% 필요함을 의미합니다. 다시 말해 우리는 하얀이 치약을 40%, 고은이 치약을 60% 생산할 것을 생산 공장에 지시하면 됩니다. 이런 계산이 복잡한가요? 계산기를 쓰면 이 정도야 어렵지 않게 확률을 구할 수 있겠지요.

다 회사를 위하는 일이니까요. 하지만 여기서 빼놓으면 안 되는 아주 중요한 사실이 있습니다.

처음 소비자 선호도 조사를 하여 얻은 행렬 $\begin{pmatrix} 0.7 & 0.2 \\ 0.3 & 0.8 \end{pmatrix}$만 있으면 이 행렬의 조작만으로 40%, 60%를 금방 얻을 수 있습니다. 일일이 매년 확률 계산을 할 필요가 없습니다. 어떠한 조작인지 정말 궁금하지요? 하지만 여러분은 여기까지만 이해해도 좋을 것 같습니다. 왜냐하면 그 이상은 행렬에 대한 공부가 더 필요한 부분이니까요. 어쨌든 여러분은 아주 훌륭한 CEO입니다.

## 생쥐가 있는 곳을 알아요

그림과 같이 칸막이가 둘러싸인 3개의 방에 생쥐 한 마리가 있습니다. 벨이 한 번 울릴 때마다 생쥐는 연결된 문을 통하여 다른 방으로 이동합니다. 어느 쪽 문으로 갈지는 생쥐 마음이고 그 확률은 어느 문이나 같습니다.

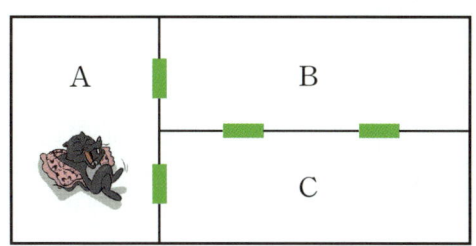

처음 생쥐가 방 A에 있다고 가정하고 다음을 생각해 봅시다.

① 벨이 한 번 울린 후 생쥐가 방 C에 있을 확률은?
② 벨이 세 번 울린 후 방 B에 있을 확률은?
③ 벨이 계속해서 울렸을 때 생쥐는 어느 방에 있을 확률이 가장 클까?

위의 문제 해결을 위해 가장 먼저 해야 할 일은 무엇입니까? 우선 생쥐가 각 방에서 다른 방으로 옮길 확률에 대한 확인이 필요합니다. 일목요연하게 읽기 위해 표를 그렸습니다.

|  | 방 A에서 | 방 B에서 | 방 C에서 |
|---|---|---|---|
| 방 A로 | 0 | $\frac{1}{3}$ | $\frac{1}{3}$ |
| 방 B로 | $\frac{1}{2}$ | 0 | $\frac{2}{3}$ |
| 방 C로 | $\frac{1}{2}$ | $\frac{2}{3}$ | 0 |

표를 보면 자연스럽게 행렬이 생각나지 않나요? 위 표의 확률만으로 행렬을 만듭니다.

$$P = \begin{pmatrix} 0 & \frac{1}{3} & \frac{1}{3} \\ \frac{1}{2} & 0 & \frac{2}{3} \\ \frac{1}{2} & \frac{2}{3} & 0 \end{pmatrix}$$

아, 맞아요! 이것은 마르코프 행렬입니다. 정말 반갑네요! 이것은 우리가 수학자이고 최첨단의 방법으로 문제를 해결하고 있는 증거이기도 합니다. 지금 생쥐는 방 A에 있습니다. 그것을 이렇게 표현할 수 있습니다.

$$X_0 = \begin{pmatrix} 1 \\ 0 \\ 0 \end{pmatrix}$$

그렇다면 벨이 한 번 울린 후 생쥐가 방 B에 있을 확률은 얼마일까요? 이 질문은 그림에서도 금방 알 수 있습니다. 하지만 다음 두 행렬의 곱으로 구할 수 있습니다.

$$P = \begin{pmatrix} 0 & \frac{1}{3} & \frac{1}{3} \\ \frac{1}{2} & 0 & \frac{2}{3} \\ \frac{1}{2} & \frac{2}{3} & 0 \end{pmatrix} \begin{pmatrix} 1 \\ 0 \\ 0 \end{pmatrix} = \begin{pmatrix} 0 \\ \frac{1}{2} \\ \frac{1}{2} \end{pmatrix}$$

곱의 결과인 오른쪽 행렬에서 다음을 확인할 수 있습니다. 방 B에 있을 확률이 $\frac{1}{2}$, 방 C에 있을 확률도 역시 $\frac{1}{2}$입니다. 이 과정을 계속하면 벨이 울린 횟수에 따라 생쥐가 어느 방에 있을지에 대한 확률을 구할 수 있습니다. 앞의 치약 회사 문제와 마찬가지로 이 계산을 반복하면 다음의 확률 행렬에 가까워지는 것을 알 수 있습니다.

$$\begin{pmatrix} \frac{1}{4} \\ \frac{3}{8} \\ \frac{3}{8} \end{pmatrix}$$

아주 여러 번 벨이 울릴 경우 생쥐가 방 A에 있을 확률은 $\frac{1}{4}$, 방 B와 방 C에 있을 확률은 $\frac{3}{8}$으로 같을 것입니다. 이 역시 일일이 계산하지 않고 행렬 P에 대한 조작만으로 생쥐의 행동을 예측할 수 있는 확률을 얻을 수 있습니다. 이와 같이 행렬은 우리 주위의 많은 문제를 해결해 주는 중요한 도구입니다.

## 수업 정리

❶ 주변의 상황을 행렬로 나타낼 수 있는지 탐구해 봅시다. 또한 행렬의 각 성분은 어떻게 정해야 하는지 생각해 봅시다.

❷ 행렬을 이용하여 문제를 해결하고 미래를 예측할 수도 있습니다.

## 10교시

# 실베스터와 자전거 여행을 떠나요

문제 상황을 행렬로 표현하는 또 다른 방법을 함께 공부해 봅니다.

## 수업 목표

1. 문제 상황을 행렬로 표현하는 또 다른 방법을 공부합니다.
2. 행렬의 곱셈을 해야 하는 이유와 곱한 다음에 각 원소는 무엇을 의미하는지 생각해 봅니다.

### 미리 알면 좋아요

1. 행렬의 곱셈 문제 상황을 행렬로 만드는 것으로 끝나면 의미가 없습니다. 그다음엔 대부분 행렬의 곱셈이 주로 이용됩니다.

2. 도시 간 선 잇기 두 도시 사이에 관계가 있을 때와 그렇지 않을 때를 구별하는 방법이 필요합니다. 두 도시 간에 선을 긋는다는 것은 연결해야 할 이유가 있을 때입니다.

# 실베스터의
# 열 번째 수업

나는 이번 방학에 친구들과 전국 자전거 여행을 떠나기로 하였습니다. 야~! 벌써 신이 납니다. 서울을 포함하여 전국 다섯 곳의 도시를 정하고, 각 도시에 사는 친구들도 이번 자전거 여행을 같이 하기로 하였습니다. 먼저 자전거가 달릴 도로가 가장 중요하겠죠? 우리 모두의 안전이 달린 문제이니까요.

이웃 도시 간에 자전거로 여행을 할 수 있는 도로를 알아보니 다음과 같았습니다. 자전거로 달릴 수 있는 적절한 도로가 있는 경우에 두 도시를 선으로 연결하였습니다.

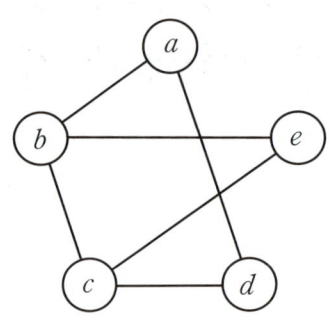

이러한 그림을 연결그래프라고 합니다.

그렇다면 이 다섯 도시 간의 관계를 행렬로 나타낼 수 있을까요? 과연 행렬로 표현하는 것이 필요할까요? 그 행렬을 무엇에 사용할까요? 자, 겁먹지 말고 차근차근 생각해 봅시다. 이제 우리는 행렬을 많이 알고 있는 수학자입니다.

두 도시 간에 자전거 도로가 있거나 혹은 없거나를 1 혹은 0으로 나타내면 어떨까요? 음, 그거 괜찮네요! 그리고 다섯 도시 간의 관계는 가로세로 표로 만들면 되잖아요. 그게 바로 행렬이 될 수 있겠죠? 그래서 다음을 얻었습니다.

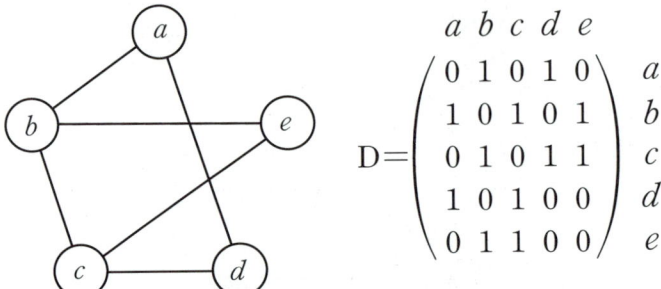

이것을 인접행렬이라고 합니다. 행렬 D에서 원소 1은 두 도시 간에 자전거로 여행을 하기에 적합한 도로로 연결되어 있음을 표현한 것이고, 자전거 여행이 적합하지 않아 연결이 되어 있지 않은 두 도시는 0으로 나타냈습니다.

전국 다섯 도시의 친구들은 각자 자기가 살고 있는 도시를 시점으로, 한 도시 혹은 두 도시를 거쳐 다시 자신이 살고 있는 도시로 돌아오게 됩니다. 그렇다면 도시 $b$에 살고 있는 친구가 다른 한 도시를 거쳐 다시 $b$로 오는 경우는 몇 가지가 있을까요? 도시 연결그래프를 관찰하면 도시 $b$에서 도시 $a$를 갔다 올 수 있고 혹은 도시 $c$나 $e$도 가능합니다. 세 가지 경우가 있네요. 이것을 행렬로 볼 수 있을까요? 도시 $b$에서 다른 한 도시를 거쳐 다시 $b$로? $b$에서 $b$로? 다음 행렬 D의 제곱 과정을 자세히 살펴

봅시다.

$$D^2 = \begin{pmatrix} 0 & 1 & 0 & 1 & 0 \\ 1 & 0 & 1 & 0 & 1 \\ 0 & 1 & 0 & 1 & 1 \\ 1 & 0 & 1 & 0 & 0 \\ 0 & 1 & 1 & 0 & 0 \end{pmatrix} \begin{pmatrix} 0 & 1 & 0 & 1 & 0 \\ 1 & 0 & 1 & 0 & 1 \\ 0 & 1 & 0 & 1 & 1 \\ 1 & 0 & 1 & 0 & 0 \\ 0 & 1 & 1 & 0 & 0 \end{pmatrix}$$

$$= \begin{pmatrix} 2 & 0 & 2 & 0 & 1 \\ 0 & 3 & 1 & 2 & 1 \\ 2 & 1 & 3 & 0 & 1 \\ 0 & 2 & 0 & 2 & 1 \\ 1 & 1 & 1 & 1 & 2 \end{pmatrix} \begin{matrix} a \\ b \\ c \\ d \\ e \end{matrix}$$

$$\begin{matrix} & a & c & e \\ b & (1\ 0\ 1\ 0\ 1) \end{matrix} \begin{pmatrix} 1 \\ 0 \\ 1 \\ 0 \\ 1 \end{pmatrix} \begin{matrix} a \\ \\ c \\ \\ e \\ b \end{matrix}$$

$$= 1 \times 1 + 0 \times 0 + 1 \times 1 + 0 \times 0 + 1 \times 1 = 3$$

위 계산은 $D^2$에서 앞 행렬 D의 두 번째 행과 뒤 행렬 D의 두 번째 열의 곱입니다. 둘 다 1일 때 곱이 1이 되는데 이는 앞의 1은 $b \rightarrow a$로 연결되어 있고 뒤의 1은 $a \rightarrow b$로 연결되어 있음을 의미합니다. 그래서 $b \rightarrow a \rightarrow b$는 $1 \times 1$의 값을 가지고 한 가지 경우의 수가 됩니다. 앞에서 3은 $b$에서 $b$로 가는 경우가 세 가지 있다는 것이고 구체적으로 다음을 의미하지요.

$$b \rightarrow a \rightarrow b$$
$$b \rightarrow c \rightarrow b$$
$$b \rightarrow e \rightarrow b$$

앞에 나오는 곱의 행렬에서 대각선에 있는 수 2, 3, 3, 2, 2는 순서대로 $a$에서 $a$로 가는 경우의 수, $b$에서 $b$로 가는 경우의 수, ……, $e$에서 $e$로 가는 경우의 수를 나타냅니다. 물론 중간에 다른 한 도시를 거쳐 오는 경우입니다. 그러면 행렬 $D^2$의 다른 성분의 수는 무엇을 의미할까요? 한 도시에서 다른 한 도시를 거쳐 다른 도시로 가는 경우의 수를 의미합니다. 예를 들어 도시 $b$에서 다른 한 도시를 거쳐 도시 $d$로 가는 경우의 수는 (2, 4) 성분으로 2, 즉 두 가지 경우의 수가 있다는 뜻이지요. 물론 순서를 생각할 필요가 없으니까 (4, 2) 성분 2 역시 같은 의미입니다. 이 두 가지는 처음 연결그래프나 혹은 행렬에서 다음을 확인할 수 있습니다.

$$b \to a \to d$$
$$b \to c \to d$$

그러면 중간에 두 도시나 세 도시, 네 도시를 돌아올 수도 있잖아요. 갔던 도시를 또 갈 수도 있고요. 기억이 나나요? $D^2$이 한 도시를 거쳐 오는 거니까, $D^3$은? 네, 그렇습니다. 중간에 두 도시를 거치는 경우이지요. 그렇다면 $D^4$은 세 도시를 거치는 경우의 수일까요? 그렇습니다.

이렇듯 행렬의 사용과 쓰임은 무궁무진하답니다. 복잡한 상황일수록 행렬의 크기는 커지겠지만 그 계산은 컴퓨터의 몫이지요. 물론 컴퓨터와 프로그램은 사람이 만들었습니다. 생활 주변의 복잡한 문제 상황을 행렬로 정리하여 행렬에 관련한 다양한 컴퓨터 프로그램을 이용하면 쉽고 효율적으로 문제를 해결할 수 있습니다. 나아가 관련 정보를 파악하여 창의적인 미래를 설계할 수 있습니다.

지금까지 우리는 10교시에 걸쳐서 행렬에 대해 공부해 보았습니다. 어떤가요? 다소 생소하게 느껴졌던 행렬이 조금 친근하게 느껴지나요? 행렬은 우리의 생활 곳곳에서 활용되는 매우 실용적인 수학의 한 분야입니다. 여러분과 함께 행렬의 신비를 풀어 보고 즐겁게 공부할 수 있어서 정말 행복했습니다. 그럼 모두 안녕~!

## 수업 정리

❶ 관련 있는 점끼리 연결해 봅시다. 연결되어 있는 점들과 그렇지 않은 점들의 차이를 생각해 봅시다. 이것을 연결그래프라고 합니다.

❷ 연결그래프를 행렬로 나타낼 수 있습니다. 연결되어 있으면 1로, 그렇지 않으면 0으로 나타내 봅시다. 이러한 행렬을 인접행렬이라고 합니다.

❸ 인접행렬을 제곱, 세제곱 했을 때, 각 성분의 의미를 생각해 봅시다.

❹ 주변에서 가능한 경우의 연결그래프를 그리고 행렬로 나타내 봅시다.

NEW 수학자가 들려주는 수학 이야기 48
## 실베스터가 들려주는 행렬 이야기

ⓒ 신경희, 2009

2판 1쇄 인쇄일 | 2025년 8월 7일
2판 1쇄 발행일 | 2025년 8월 21일

지은이 | 신경희
펴낸이 | 정은영
펴낸곳 | (주)자음과모음

출판등록 | 2001년 11월 28일 제2001-000259호
주소 | 10881 경기도 파주시 회동길 325-20
전화 | 편집부 (02)324-2347, 경영지원부 (02)325-6047
팩스 | 편집부 (02)324-2348, 경영지원부 (02)2648-1311
e-mail | jamoteen@jamobook.com

ISBN 978-89-544-5293-9 44410
       978-89-544-5196-3 (세트)

• 잘못된 책은 교환해 드립니다.